宇野弘之 著

日本仏教民衆救済史 第二巻

信仰と民衆救済実践の研究

中世後期・近世・近代論

山喜房佛書林

はじめに

日本仏教の歴史をどのように論述しようか。

それは長い間、仏教者である私の課題でもあった。

日本に生まれ、日本の風土に育ち、文化史を鑑みると、日本仏教の先行業績は数多《あまた》見られる。

とすれば、著述の意義、新たな視点は一体何なのであろうか、とひそかに考察を続けていた。

そこで筆者が頷いたのは「信仰と実践その民衆救済史」という視座であった。大乗仏教の信仰と実践、日本仏教史には衆生済度、民衆救済に情熱を注いだ仏教者が多々存在する。

その活動事績を注視してみると、忘己利他、人々の救済の為、生涯情熱を傾けた利他愛に生きた人々が史上多々存在している。

その思想と実践に注目をし、筆を進めたらいいかがか。

仏教の本質、その目的とするところは衆生済度《しゅじょうさいど》、苦しんでいる人々、民衆を救うことにある。苦しんでいる人々の苦を抜き、楽を与える、抜苦与楽《ばっくよらく》、応病与薬《おうびょうよやく》の仏智による救済道。民衆を救う為には、自己の身命をも惜しまず、衆生、人々を済度し、慈善を行い、現世の生活を安穏ならしめ、後世には善所に転生せしめんとする仏教者の生き方が見られる。

宗教的信念による民衆救済とその実践道が先人たちの生き方に見られる。

ここに小生の研究の視座が定まり、本稿『日本仏教民衆救済史』（第一巻）本著（第二巻）の論述が始まった。

古代、中世、近世、近代、現代史には、「なぜ」と思わせる程の民衆救済に情熱を傾けた仏教者が存在する。

その発掘、仏教実践に注目をし、筆を進めた経緯がある。

仏教学研究は、文献学であり、学解の仏教こそ主流であり、改革派と受けとめられるかも知れない。学解の仏教研究の楽しさも理解できるが、仏教は、学問研究であるばかりでなく宗教であり、一人でも多くの人が救われる宗教的課題をもつ。そのような民衆救済学の視点から仏教史を見直す。

古来、仏教信仰上より世々に行われた民衆救済実践は「利他愛の実践」であり、聖徳太子の四天王寺、施薬院、療病院、悲田院は救療救貧の道であった。

聖徳太子の施策により、山野の猪狩、兎狩など獣狩を廃して、不殺生を励め、山沢に薬草を採集して、民間の病者に与え、貧病者を慰撫することが行われ、慈仁の施設を国民は歓ばれた。

奈良時代、仏教興隆を願い、力量を示した行基や道昭は道路を改修し、河川の堤防を築き、溜池を造り、橋梁を架け、坡塘《はとう》を造るため尽力せられ救済実践道に生きた。

救癩活動の西大寺の叡尊の実践も注目に値する。

鎌倉の忍性は、北条時頼、時宗の帰依を受け、道路を修理すること十一カ所、義井を造ること三十二、浴室、療病室、乞食の家、各五カ所、専ら慈心を尽し、日々生きて看病し、二十年間、五万七千二百五十人を救ったことや馬病所を設け、時々仏名を唱えて聞かしめた等は広く禽獣にまで及んだ。

人々は、その忍性を医王如来と呼んだ。

その他、国家に貢献し、社会に奉仕し、人類を愛護した事蹟は枚挙するいとながないが、尊き信仰実践と言えよう。

信仰即実践の史実は、学解の仏教ではなく、民衆救済研究の視座であると考えられる。

目次

はじめに　1
序章　民衆救済実践学の視座とその性格……11
第一項　学としての民衆救済実践研究の視座　26
第二項　仏教福祉という視座　32
第一章　室町・安土桃山時代の民衆救済実践……35
第一節　室町時代の特色……35
第一項　一向一揆　37
第二項　念仏者と政治権力　45
第三項　蓮如上人の民衆救済道　47
第四項　足利時代の民衆救済　52
第五項　室町時代の救貧制度　56
第六項　土一揆　62
第二節　安土桃山時代の民衆救済……66
第一項　信長・秀吉の宗教政策　68

第二章　近世　江戸幕府　72
第一節　江戸幕府の宗教政策　75
第一項　江戸時代の民衆救済制度　79
第二項　鉄眼道光の思想と実践　81
第三項　江戸時代　信仰と救済実践に生きた人たち　85
第四項　了翁道覚の思想と実践　96
第五項　無能と捨世派の僧侶たち　100
第六項　江戸仏教の評価・特色　105
第七項　江戸期の真宗信仰　111
第八項　江戸時代　僧侶の救済活動はいかがであったか　114
第九項　江戸の民衆仏教信仰　118
第三章　近代明治維新について　123
第一節　明治の世　123
第二節　明治期の仏教　133
第一項　明治初年の廃仏毀釈　133

第二項　明治時代の慈善事業　139
第三項　明治時代の政策　145
第四項　仏教教育道、明治の堕胎圧殺の禁止運動　156
第五項　明治の新仏教運動　170
第六項　明治維新政府の社会問題への対応　173
第七項　世の底辺の生存者の救済道　181
第八項　富士川游の信仰と民衆救済研究　187
第九項　大乗仏教の民衆救済活動を尋ねて　207
あとがき　215

日本仏教民衆救済史　第二巻

信仰と民衆救済実践の研究

中世後期・近世・近代論

序章　民衆救済実践学の視座とその性格

仏教の学問は、一般に経典や聖典論書を研究し、机上の学術論として仏教を理解し、展開する学術方法であろう。

仏教学者として仏教を、学問的に種々の教学や教えを研究し、文献学として真摯に、仏教学研究に専念し、生涯を貫き、学術に貢献する仏教学者としての大切な生き方も多々見られる。

そのような机上の学問、即ち学解《がくげ》の仏教ではなく、民衆救済学の視座は、いつ、誰が、何をしたかという主体者の思想、信仰、動機と実践、民衆救済方法、その道にスポットを当て、いわば人々を救済し、救い渡す衆生済度《しゅじょうさいど》の事蹟に注目をする。

衆生の生活を助ける衆生済命、他者を救う利他行、他者が救われる他利、このような社会救済実践の中心に信仰があり、宗教的信仰が社会活動実践となる。信仰の根底の上に行われる真正の宗教的信仰の行為《おこない》、実践活動が社会を救済すると考えて、利益有情《りやくうじょう》を実践しようとする民衆救済実践を探求する学問的性格であると言える。如何なる教義、思想、信仰によって仏教者たちは民衆救済活動を展開したのであろうか。人の為にする愛他的実践、利他的救済活動に問題の所在、研鑽の視座を定めて見ると、二千数百年に及ぶ仏教思想の形成、展開の歴史、教理史として捉える尊い学解の仏教研究は数多く見られるであろう。

ところで、仏教の社会的救済実践、大乗仏教の民衆救済の歴史的事実に注目、着眼し、民衆救済活動に情熱を捧げた人物、その事例研究に筆を進めて見ると、古代社会にあっても大切な、人としてのその人の生き方、事例を発見することができる。

聖徳太子の四天王寺、四箇院。行基《ぎょうき》の四十九院の設置や多くの土木事業。和気広虫《わけのひろむし》の孤児教育。『日本霊異記《にほんりょういき》』記載の看病僧。空也《こうや》の勧進聖《かんじんひじり》型活動。源信《げんしん》の臨終行儀等々。中世社会における民衆救済事例として重源《ちょうげん》の湯屋、湯船の施入に見られる沐浴事業。良忠《りょうちゅう》の『看病御用心』。叡尊《えいそん》、忍性《にんしょう》の非人、ライ病者の救済活動事蹟など注目に値する「民衆救済史」が存在する。

日本仏教の悠久の歴史を「民衆救済史」信仰と実践の視座からスポットをあててその序

説として中世鎌倉時代までの拙著『日本仏教民衆救済史』（第一巻）を公刊したが、先人たちは、なぜ熱心に慈善活動、民衆救済に専念したのであろうか。

一体、日本仏教の形成、発展のエネルギーは何であったのであろうか。仏陀の教えが北伝し、大乗仏教の種が、飛鳥時代、わが国に導入され、人々に歓迎され、受け入れられ開花結実した仏教の歴史的発展、仏教史形成の先人の足跡があるはずである。

そのような思いから、第一巻の論述を試みた。

古代、中世、近世、近代、現代の民衆救済史を一冊の本に著すことは不可能である。そこで、鎌倉時代迄を序説として筆を進めた経緯がある。

私は『日本仏教民衆救済史』第一著にて日本仏教を、八種類の思想系譜潮流に分類し探究を試みた。

古代、中世のみならず、近世、近代、現代においても仏教の精神的伝統、思想、法灯は、継承されて歴史に流れる思潮として今日に及んでいると考えられる。

民衆救済思想と実践

飛鳥時代	聖徳太子（五七四～六二二）
奈良時代	聖武天皇妃
	光明皇后（七〇一～七六〇）
	道昭（六二九～七〇〇）
	行基（六六八～七四九）
	法均尼（和気広虫 七三〇～七九九）
平安時代	弘法大師空海（七七四～八三五）
	良源（九一二～九八五）
	千観（九一八～九八三）
	伝教大師最澄（七六七～八二二）
	源信（九四二～一〇一七）
	空也（九三〇～九七二）
鎌倉時代	法然（一一三三～一二一二）
	親鸞（一一七三～一二六二）
	日蓮（一二二二～一二八二）
	道元（一二〇〇～一二五三）
	栄西（一一四一～一二一五）
	俊乗房重源（一一二一～一二〇六）
	興正菩薩叡尊（一二〇一～一二九〇）
	忍性（一二一七～一三〇三）

古代の日本仏教は、社会と隔絶した学僧の仏教、即ち象牙の塔と思われがちである。日本文化史における民衆救済の芽生え、拡がり、その事跡、「信仰と実践」の救済史実は、図表の通りであり、救済事例は多々見られるものの、いつの時代にあっても、すべての仏教者が民衆救済に立ちあがったわけではない。学解《がくげ》の仏教研究も厳然として存在していて、生涯、仏教研究に心血を注いだ仏教研究者の功績も多くみられる。

にもかかわらず、先人たちは、なぜ民衆救済、衆生済度《しゅじょうさいど》、救済活動に熱心であったのであろうか。

仏教の歴史には、大乗仏教の民衆救済思想と実践が見られる。人は思いつきで救済活動に趣くのではなく、信仰による主体的実践として救済活動にのぞんでいる。

その人の救済活動の思想類型を

一　慈悲《じひ》型

二　戒律《かいりつ》型

三　福田《ふくでん》思想の系譜
四　四無量心《しむりょうしん》の系譜
五　報恩《ほうおん》思想の系譜
六　勧進聖《かんじんひじり》型
七　遊行《ゆぎょう》型
八　真如《しんにょ》型

に分析して、その潮流を八類型系譜として考察し、活動を行ったその人物の事跡の探究、論述を試みた。

宗教者、仏教者、僧侶にも慈善活動を行う実践仏教者と、そうでない学解の仏教に専念する者があり、民衆救済活動にはその思想的根拠があるだろう。

諸人を救う大乗仏教精神は、日本仏教の特色として仏教史の根幹、救済魂として存在するであろう。

救済活動へ導く主体的動機づけとして、大乗仏教思想、根拠となるコアー、愛他精神・理念がある。

それは、自己の悟りを目的とした修行の実践、つまり、自利のみでなく、自己の悟りの前に、まず他者を救済するという大切な利他行が強調される。

仏教の慈悲心による仏教思想の体現者、菩薩の菩薩行、菩薩道があり、衆生救済の誓願を立て、この理念を実践する者は、出家在家共々すべて菩薩であるとし、大乗仏教の特色として菩薩道に立脚する仏教実践があり、教義としては利他主義であり、わが国の民衆救済実践者たちが、その背景に大乗仏教のこころを有し、活動をしていた。

仏教の実践の根幹は、愛他宗教実践であり、慈悲に基づく心豊かな人の他者を救う働きの中に、自己が救われるという宗教哲学をもっていた点に注目し、原動力となった仏教精神による民衆救済活動に的を当て見た。利他民衆救済道は、信仰者としての心得でもあり、生き方に関わる人間学でもあろう。

実は私は、インド学仏教学の伝統的な仏教学の道を歩んだ一人である。

昭和初期、若き日、学士として善隣館隣保事業を始めてとして、社会事業の道を歩み、晩年、寺の住職として生涯を終えた私の父は、仏教は実践が大切であり、実践仏教の道があることをよく語った。

そんなある日、仏道を頭だけで考え、学問的に種々の教えを研究し博学であるいわゆる学解の仏教ではなく、仏教の歴史には民衆救済事蹟のあることに気づいた。学解の仏教研究は研究者も多く、伝統もあり、今後も充分研究は進み展開される状況にあろう。

一方新しい視座、民衆救済実践仏教は、いかがであろうか。

学としての日本仏教民衆救済史を民衆救済学の視座からのアプローチは、仏教学改革論であろうか。本稿は、中世後期、近世、近代論企画として筆を進める構想になったのである。

その大乗仏教民衆救済実践の系譜潮流にあって

一　慈悲型救済実践活動は「仏心とは大慈悲是なり」仏菩薩の慈悲心が衆生をいつくしみ、諸人に楽を与える（慈）、苦を抜く（悲）として仏教の根本思想として仏心は、終始一貫生き続けている。

明治三十四（一九〇一）年発足した大日本仏教慈善会財団や大谷派慈善協会等も報恩思想を根拠としつつも慈悲型福祉実践に該当する潮流のように思える。

二　主体的救済実践の動機づけとして、仏教に帰依した者が守るべき行い、戒silaは、仏教道徳の総称と言える。反復習慣的に修習すべき行持《ぎょうじ》である。

三学は、仏道を修行する者が必ず修めなくてはならぬ三つの基本的な修行の部類であるが、
（一）戒は、悪をとどめ善を修すること
（二）定は、身心を静かにして、精神統一を行ない、雑念を払い、思いが乱れないようにすること。
（三）慧は、その静かになった心で正しく真実の姿を見究めること。
この三種の修行法、三学の兼修が仏道修行の完成をもたらすという三つの基本的修行、三学である。

防非止悪《ぼうひしあく》、諸善発生の持戒《じかい》を生活規模として救済活動に身を投じた仏教者も見られるであろう。

戒律型の系譜の仏教者には行基、叡尊、忍性等の活動がある。

戒律型福祉実践の系譜には、了翁道覚《りょうおうどうかく》（一六三〇～一七〇七）や、『十善法語《じゅうぜんほうご》』仮名法語十二巻の著者、慈雲尊者《じうんそんじゃ》（真言宗）が近世中期に、厳格な戒律的自律生活に帰ること

に仏教復興の道を求め、又、雲照《うんしょう》が、僧侶持戒《じかい》の再確立をはかり、或いは、行誡《ぎょうかい》の戒律生活復活による再興、厳粛な戒律主義等にその思想が継承されているように思える。

自戒の意識は、近世仏教における清新な思潮の一面であったが、自戒精神の進展に伴い、各宗で独特な戒律復興運動が進められた。

a　天台宗では慈山妙立《じさんみょうりゅう》（一六三七年～九〇年）。従来の大乗戒《だいじょうかい》に併せて、小乗の四分《しぶん》律《りつ》戒を兼学し、それにより僧風の粛正をはかった。

門弟、光謙霊空《こうけんれいくう》（一六五二年～一七三九年）の時、比叡山安楽院にて行ったので「安楽《あんらく》律《りつ》」と呼ばれ、安楽律は後に、敬光《けいこう》（一七四〇年～九五年）の「山家正統学則《さんげしょうとうがくそく》」等により宗祖最澄の宗意に反するものとして排され、安楽騒動を引き起こしている。安楽律の提唱の心は、形式化する教団仏教の復興に目的があった。

b　真言宗では、明忍《みょうにん》（一五七六年～一六一〇年）が鎌倉時代、西大寺の叡尊以来の真言律復興につとめ、慈忍慧猛《じにんえみょう》（一六一三年～七五年）を経て、浄厳《じょうごん》（一六三九年～一七〇二年）によって新安律として大成された。

又、慈雲飲光《じうんおんこう》（一七一八年～一八〇五年）は、十善戒を修めることで大乗戒・小乗戒の一切を統摂《とうせつ》しうると説き、正法律《しょうぼうりつ》とよんで庶民に到る迄の普及につとめたが、この正法律は、幕末の月照《げっしょう》や明治の仏教復興運動につとめた釈雲照《しゃくうんしょう》、福田行誡《ふくだぎょうかい》、大内青巒《おおうちせいらん》等に継承され、後世に大きな影響を及ぼしている。

三　福田思想の系譜

仏教者による慈善救済活動、民衆救済を裏付ける思想に福田思想があろう。

福田は、puññakkhetta（巴利語）。「幸福を育てる田地」の意味で、人々の幸福の種がまかれる田に喩えられた。三宝を尊崇し、供養することが、幸福を生むという趣旨で、福徳を授ける人を意味する。福田思想は、人々が功徳を植える場所、福徳を生み出す田を意味する。三福田《さんぷくでん》を例示すると、仏や僧等を敬うべきものを敬田《きょうでん》。父母や師等の恩に報いなければならぬものを恩田《おんでん》。貧者や病者等あわれむべきものを悲田《ひでん》を言う。四福田は、畜生を趣田、貧窮困苦の人を苦田、父母等を恩田、三乗の聖者を徳田と見なしていう。

聖徳太子に始まる慈善活動、行基菩薩、鎌倉時代の三大慈善仏教者、俊乗房重源《しゅんじょうぼうちょうげん》、興正菩薩叡尊《こうしょうぼさつえいそん》、忍性菩薩良観《にんしょうぼさつりょうかん》などの系譜はこの福田思想にも該当すると考えられる。

四　四無量心の系譜

四無量心《しむりょうしん》は、四つの広大な心、はかり知れない利他の心、慈（友愛の心）、悲（他者の苦しみ対する同情）、喜（他者を幸福にする喜び）、捨（すべての報われるを執われを捨てる）心を起し、無量の人々を悟りに導く、四無量心である。

平安時代の民衆救済社会実践を明示する四無量心の事跡として、弘法大師空海の万濃池の修築と綜芸種智院の創設がある。

万濃池修築は、讃岐国の要請によっておこなわれ、国レベルでの労働人員の徴集力の限界を克服したところに、空海登場の意義があった。

『日本紀略』弘仁十二（八二一）年五月条の記事によれば、讃岐国の修築工事が「工大にして、民少なし」という状況にあり、そこで、宗教的人望に優れた空海を招くことを求めたとある。

空海による工事の成功は何を意味したのか。

そこには、空海の宗教的人望があった。それと同時に、強制による雑徭の徴発に抵抗し、雇役による労働では十分に能力を発揮しなかった人々が、空海の登場によって力を示し、工事を成功に導いた。

万濃池、益田池は、ともに九世紀の社会変動の中で求められた社会救済のための治水施設であった。それは、律令制による地方支配が終末を迎え、あらたなる在地勢力のもとに構造的に変革していく段階においてみられる社会的要請である。そうした時代状況を担ったところに、空海登場の意義があった。

この伝統思想と実践の近世、近代、現代への継承はどうなったか。

五　報恩思想の系譜

報恩思想の系譜と言われる法然、親鸞は、「三学の及ばぬ身である」と告白し、無戒主義を信条、人生観としている。

これらの大乗仏教民衆救済活動の思想系譜については拙著第一著に論述したところであるが、仏教の恩の思想は「知恩報恩《ちおんほうおん》」（恩を知り恩に報いる）いわば報恩謝徳《ほうおんしゃとく》、感謝の心を根本としている。

四恩思想は、

一（一）父母の恩（二）衆生の恩（三）国王の恩（四）三宝の恩

二（一）天地の恩（二）師恩（三）国王の恩（四）父母の恩
三（一）天地の恩（二）国王の恩（三）父母の恩（四）衆生の恩
四（一）国王の恩（二）父母の恩（三）師友の恩（四）檀越《だんおつ》の恩

等、経典によって幾分違いが見られるが、この知恩報恩の系譜の歴史的展開が見られるであろう。

六　勧進聖型、七　遊行型の承継思潮はどうなっているか。

八　真如観の系譜、井上円了《いのうええんりょう》、富士川游《ふじかわゆう》の民衆救済思想、信仰実践は後程、論述しようと考えている。

福祉実践の系譜	近世 江戸時代（一六〇〇～一八六七）	近代 明治（一八六七～一九一二）	大正時代（一九二六～	昭和（一九二六～）	現代 戦後（一九四五～）
（一）慈悲型福祉実践の系譜	慈雲飲光の正法律（一七一八～一八〇四）	日本仏教慈善会財団 大谷派慈善協会			人命救助の実践哲学 仏教思想による人命救助　災害救助
（二）戒律型福祉実践の系譜	仰誓《こうせい》（一七二一～一七九四）『妙好人伝』	福田行誡の正法律（一八〇九～一八八八） 釋雲照・明治戒律の泰斗（一八二七～一九〇九）			

(三) 福田思想の系譜 堕胎禁止運動 不殺生戒	了翁道覚（一六三〇～一七〇七） 福田会育児院 里子制	井上如常 瓜生岩子 鈴木信教		
(四) 四無量心・四摂心の系譜				
(五) 報恩思想の系譜		明治期に見られる報恩思想 大谷光尊（明如） 大内青巒 （楽善会訓盲院） 島地黙雷 島尾得庵 赤松連城	小川仲造 （一八四二～一九一二） 清沢満之　精神主義 足利源左 （一八四三～一九三〇） 妙好人　浅原才市 （一八五〇～一九三二）	
(六) 勧進型救済実践				
(七) 遊行型の系譜				
(八) 真如観の系譜		井上円了 哲学が諸学の基礎	富士川游 （一八六五～一九四〇） 渡辺海旭仏教清徒同志会 高楠順次郎	

第一項　学としての民衆救済実践研究の視座

学としての民衆救済実践研究、その学術研究を試みる際、いかなる視座が可能であろうか。

a　人文科学の視座からのアプローチ
b　社会科学の視座からのアプローチ
c　自然科学の視座からのアプローチ

の三視座が、考えられる。

ちなみに自然科学は、自然、特に物質を研究視点とする科学であり、科学と言えば自然科学をさし、今回の研究の視点範疇ではなさそうである。

b　社会科学の視座からのアプローチは、人間の生活環境としての社会に関する系列的で、実存的な知識の総称を言い、社会問題の政策等は社会科学であり、経済学、政治学、法律学、社会学の学問体系など照応すべきものがあろう。

人間は歴史的、社会的存在である。社会科学の視点に立つということは、人間の問題を歴史的、社会的に見ることを意味する。

社会は、歴史法則、社会経済法則が支配していると考える。

社会科学としての社会福祉、学としての社会福祉、実践的な社会事業活動、実践科学、政策科学にあっては、歴史視点による歴史性、その質的歴史発展を用語にて区別をし、歴史的概念を与えている。社会科学方法論による社会福祉学、その政策科学等は「b　社会科学の視座からのアプローチ」である。

a　人文科学の視座から民衆救済実践、信仰とその実践研究を考えると、人間はいかにあるべきか。このことが人間存在の根本問題としてあり、この問題解決に努力する仏教の民衆救済実践はいかに在るべきか、という視座にもなろう。

人文科学は、人類の文化に関する学問であり、芸術、宗教など人間の精神活動の産物、技術的活動の所産、哲学や倫理等の人間の精神活動やその結果を対象とする学問であろう。

仏教信仰は一人一人の問題的自覚、さまざまな苦悩や煩悩は個人の内面、信仰に基づいて心の平安と安定がもたらされるという信念の問題であり、個人の信仰の確立が第一課題としてあろう。

仏教精神と信仰に基づいて行われる慈悲の心に基づく愛他的行為、信仰と実践、民衆救済その情熱は、社会科学の一科として成立するというような仏教福祉論でなく、仏教のプロパーからの救済実践を解明しようとする性格のものであり、「仏教即福祉」「民衆救済」という私釈持業釈が私たちのめざす仏教福祉論のアプローチであると言える。

（水谷《みずたに》幸正《こうしょう》著『浄土教と社会福祉』）

但し、社会科学としての社会福祉学の研究者の学問領域からは「社会福祉」という用語は歴史的な概念である。

戦後の現代社会における社会事業の積極的な姿が社会福祉用語であり、歴史は慈善、慈恵、感化救済、社会事業、社会福祉と歴史概念として変遷する。その用法に注意を喚起する学説が述べられている。本稿は人文科学の視座ではあるが、これらの先行研究を参考にして本稿の論述を進めたいと思う。

慈善（事業）

あわれみの心は人間の本能でもあり、隣人への愛の行為は同時に神に対する恩寵に応えるものとして行われた。それは与えられる側にとってどのような結果をもたらすかというよりも、主観的に奉仕するという行為に目的があった。この用語は宗教的起源をもつとともに、社会的救済行為としては前近代的な性質を持つ。

慈恵（事業）

一般的な語義としては、いつくしみ、恩恵、ほどこしをなすことであるが、そこには上より下への行為として、恩典に浴せしめるという意志の働きがあり、その恩義を感謝してうけるものと考えられていたところに、封建時代の救済行為としての慈恵の特質がある。

感化救済事業

明治末期から大正初期にかけて使用された用語。感化事業の必要性の高まりと、従来の慈善事業では処理できない社会問題の発生に対する救済事業の二つの用語を結合したものである。社会事業の前段階。

社会事業・社会福祉事業

一九五〇年頃までの日本では、ほぼ「社会事業」という用語が統一的に使用せられてきたが、福祉国家、社会福祉の新語の登場や社会福祉事業法の制定を契機として、「社会福祉事業」という用語が、在来の「社会事業」と実質的にはまったく同じ意味と内容で、使用される場合が多い。

社会事業は特定の目的と独自の対象をもつ近代社会的な救済・保護ならびに福祉増進の一形態として、公私の主体によってなされる組織的な社会的施策であるが、その特質は次の諸点に存在している。
(1) 資本主義制度の維持存続ならびに近代社会的人間関係を前提とする。
(2) その対象は、国民一般ではなく、社会的障害の担い手としての国民大衆（労働者、小農民、小自営者、低所得者、貧困者、その他社会的障害の担い手）である。
(3) 対象の存在は、現存の社会制度（資本主義制度）に固有の欠陥によって規定せられている。
(4) それゆえに、問題の発生と存在は「個人の罪」ではなく、社会それ自身の責任である。
(5) したがってまた、対象者の保護は、社会（国家）の責任であり、保護されることは国民の権利である。
なお、社会問題対策としての社会事業は、社会的施策の体系上から見れば、社会政策への補完的施策として存在している。

社会福祉

（1）狭義――社会事業・社会福祉事業とまったく同義語として使用される。

（2）広義――社会事業のほか、社会政策、保障から進んで、教育、住宅、公衆衛生、非行、犯罪関係など、主として社会生活を営む人間の精神的・道徳的・肉体的・生理的ならびに労働的・経済的諸条件に密着する社会的施策の総称として使用せられる。多くの場合、英語のsocial services social welfareはこの用例に従っている。

（3）最広義――狭義と広義の内容のうえに、さらに土木・建設・財政・金融・軍事・警察など全国民の社会生活の安定と発展に貢献する一切の社会的施策を総称するものとして使用される場合も決してまれではない。しかし、一般的には「社会福祉」という用語は、狭義または広義に使用されるのが通例である。

（上田千秋『仏教社会事業論の学問的性格』仏教と社会の諸問題　日本仏教学会編参照）

第二項　仏教福祉という視座

民衆救済実践にかかわる日本仏教の史実、大乗仏教の社会活動その思想と実践を考察すると、日本仏教の歴史には先行業績が見られる。

仏教精神信仰による民衆救済実践である。その概念を仏教福祉という人間救済の実践道に置きかえて見ると仏教福祉概念は、

一、仏教徒、僧侶、教団、寺院が関与している仏教精神による民間の福祉実践、仏教をどのように受容したか、その出会い、信仰の社会的実践者、聖徳太子や行基菩薩等々。

二、仏教的味付けをした仏教福祉。死生学、ホスピス、ビハーラ活動、仏教カウンセリング等々。

三、仏教経典、聖典の中から慈悲、菩薩行、福田等の仏教思想とその実践例及び史実は、仏教福祉であるとの理解の仕方の三概念が考えられるであろう。

人間の復権論、自己実現論、共生論、ＱＯＬ（Quality of life）、ＡＤＬ（Activities of Daily Living）等、現代社会福祉に対置して提出される議論は、わが国の戦後にあっては

仏教は、社会福祉理論及び実践に何らかの影響も位置も持ち得なかった。それがゆえに、仏教と社会福祉の関わりを考える場合、社会福祉の制度や技術の根底にあって、これを支える仏教福祉学の構築課題が提起され、社会科学の視座によるアプローチも見られる。

仏教と福祉がどこで接点を持つのか。福祉を現代の仏教教学の現代化という課題の一つと考え、現代の教学として私たちが、社会の中で社会的課題にどう向いあえるか。

仏教信仰をややもすれば心の中だけの問題、内面に閉塞した観念的なものにとどまって、社会性を失った信仰と言うのではなく、信仰の社会性、信仰者の社会実践、信仰による社会性慈善活動という社会活動が発揮される一つの場である。真宗福祉で言えば、親鸞の民衆救済道は、機根《きこん》下劣の者に光をあてた社会下層の窮苦に手をさしのべた救済道であり、真宗福祉教学の樹立が必要であろう。可能か、と言う問題であろう。慈愛としての福祉、真宗福祉学の構築など報恩行として構築したらいかがか。

この国の福祉的援助を必要としている福祉対象者がいる福祉国家から福祉社会へ。老人や病人、障害者を閉め出すような社会はアブノーマルであり、ノーマライゼーション、共に助け合って生きる社会をつくらねば、といわゆる同朋社会の実現が願われる。社会制度としての福祉の代替、補完（欠けているところ補って、完全なものにする）の質、社会制度の空隙を補填すべく期待された宗教福祉実践、地域の中の寺院のあり方、役割遂行、社会的弱者の救済福祉をひとつの社会的営みとする社会福祉実践、信仰の実践行為、仏教者の生き方そのものが問われるであろう。

現代社会においては、社会政策や背景にある社会制度もあろう。誰がどのように民衆救済を行ったか、思想と実践の史実がこのようにあったということも大切であるが、その人物の「信仰と実践」を明示することができたら、と願っている。

本稿は、社会科学の視座による研究実績も参考にしつつも、人文科学の視座によるアプローチ、展開であることをまず明らかにして、筆を進めたい。

わかりやすく言えば、大乗仏教の利他行、民衆救済、信仰に基づく救済実践であり、その研究アプローチであるとも言えるであろう。

信仰より来る実践、信仰とその実践の研究であり、信仰の了解のみに傾いて、実行を顧みない安心了解、いわゆる教養研究、学解の仏教ではなく、民衆救済実践の研究、試論であることを最初に述べて筆を進めたいと思う。

第一章　室町・安土桃山時代の民衆救済実践

第一節　室町時代の特色

中世室町時代は、足利時代ともいわれる。足利尊氏《あしかがたかうじ》が政権を握り、京都室町に幕府を開いた、一三三六年～一五七三年の一八〇年間を指す。前期を南北朝時代、中期を室町時代、後期は戦国時代である。

建武三（一三三六）年、九州より再挙東上して、京都を占領した足利尊氏（一三〇五年～五八年）は、武家政権を再興した。

永和四（一三七八）年、三代将軍足利義満《あしかがよしみつ》が、京都北小路室町東に壮麗な邸宅を建てたので「室町殿《むろまちどの》」と呼ばれ、賀茂川から水を引いて池を造り、四季の花を植えたので「花《はな》の御《ご》所《しょ》」とも呼ばれた。

室町時代には、応永《おうえい》、寛正《かんしょう》年間（一三九四年～一四六五年）、五穀が実らないことがしばしばあり、飢饉が続いた。

応仁《おうにん》の乱《らん》（一四六七年~七七年）、十一年間にわたる戦乱により京都も焦土と化し、いわゆる戦国時代に入るが、このような時代世相が民衆の宗教心に無常観と罪悪観を深化せしめ、鎌倉新仏教を国民の間に深く滲透《しんとう》せしめた。

室町時代の大きな特色は、この時代に政治機構の変革があった為、荘園に経済基盤をおいた奈良や京都の官寺《かんじ》や、諸大寺は経済的に困窮し、仏教教団も勢力を失った。荘園制度が全く滅びたのは室町時代であった。

足利時代、荘園に経済基盤を置いていた在来の大寺院は没落し、新しく農民や武士階級に支配力を持つ新仏教が抬頭してきた。

足利時代には、農業技術の進歩や農民の人間的自覚の深化により農民が結束を強め、農民の力が増大した。

農民の抵抗運動が強まり、宗教一揆と結合して「一向一揆《いっこういっき》」や「法華一揆《ほっけいっき》」がおこった。法華一揆は、京都の町衆の武装蜂起であった。

北陸の一向一揆は、強力であった。

室町時代末期、越前、加賀、能登、三河、近畿等で起こった宗教一揆で浄土真宗の僧侶、及び門徒の農民が新興の小領主、土豪層と連合し、一四五五年〜八八年、大名の領国制と戦った。

第一項　一向一揆

加賀の一向一揆

加賀一向一揆は、応仁の乱と加賀の守護、富樫《とがし》一族の内紛をきっかけとして始まり、文明六（一四七四）年、富樫政親《とがしまさちか》は、本願寺門徒勢力の協力により専修寺派と結びつき、弟、富樫幸千代《とがしこうちよ》を追放して加賀国を手中にした。

加賀国の守護として専修寺派の土地を支配していた為、文明七（一四七五）年八月、専修寺派を支援し、吉崎本願寺（吉崎御坊《よしざきごぼう》）を攻撃、これを焼き討ちにし、そこで、蓮如《れんにょ》上人《しょうにん》は、難を避けて転出し、文明十一（一四七九）年に京都山科に本願寺を建立した。

一向門徒の反社会的行動が拡大して守護の権威が脅かされると、富樫政親は、本願寺派への弾圧を始めた。

門徒は敗れ、本願寺八世の蓮如上人も吉崎を去った。

農民層の反抗勢力であった真宗門徒は、富樫政親と対立する富樫泰高《とがしやすたか》を推して一四八八年、高尾城《たこじょう》に富樫政親を襲い、真宗門徒の一向一揆と一戦を交え攻められて、高尾城で自害した。

それ以来、加賀の国は「百姓の持ちたる国」となり、一世紀程、本願寺領となり、土豪や坊主という道場主、農民の合議制による一国支配となった。

天正八（一五八〇）年、石山（現在の大阪城の本丸）にあった石山本願寺が、織田信長との十一年にわたる石山合戦《いしやまかっせん》で敗れる迄、国人、僧侶の寄合《よりあい》による門徒領国が存続することになる。

三河の一向一揆

加賀、越前、三河における一向一揆は、年貢の減免要求であった。

農民など民衆が団結して、団結力をもって、政治的、経済的支配権力に力に訴えての要求行動である。

土一揆《どいっき》は、正長元（一四二八）年、京都近畿に波及、年貢の減免を要求した。徳政一揆《とくせいいっき》は、賃貸関係の破棄、徳政を求めて立ちあがった。賃貸関係の御破算、土地売買の無効、未納分の年貢の打ち切り等を要求し、民衆が結集した。

馬借一揆《ばしゃくいっき》等も一連の民衆の社会運動であるが、一向一揆が他の一揆と異なる点は、一向一揆は、浄土真宗本願寺教団門徒を動員して戦われた宗教一揆であるという点である。「弥陀救《みだたす》けたまえ」の念仏、念仏によって救われるという、浄土真宗の信仰を生きる支えとして得た農民生活者が、村の生活、地域的な村落共同体、つまり惣村《そうそん》を単位として団結し、新しい時代の民衆の生き方として、新しい価値観による既成の体制への批判、価値観の否定、反抗を行ったのである。

念仏の信仰によって新しい価値観が保証され、古い価値観は、社会生活の中で意味を失った。

真宗念仏の特色、信仰決定の姿は、

一　平生業成《へいぜいごうじょう》。あの世ではなく、この世での念仏の救い。

二　不来迎《ふらいごう》。弥陀の救いは、不可思議、不可説、念仏の救いは、死後実現するものではない。信心決定《しんじんけつじょう》した時、生きながら救いが実現する。

三　正定聚《しょうじょうじゅ》の道理。臨終の時といわれる弥陀の来迎など待つ必要はない。生きながら仏のような境地に至る。

四　ひとえに仏恩報謝の為と、心得らるべきもの。

右の如く、惣村の民衆は、社会と政治の秩序と権威を否定するといった行動を進んでとり始めた。

守護、地頭の立場にある武士の支配権力を無視し始め、年貢等の諸税を拒否する行動に出た。

織田信長の娘と徳川家康の息子との婚姻が成立し、三河における家康の地位は確立された。永禄六（一五六三）年頃には、家康による三河の領国化がほゞ完成、三河の家康から天下の家康への第一歩を踏み出した。

すべての重圧が、三河の農民の肩にのしかかった。

三河の農民は、家康の苛酷な収奪に黙って従う農民ではなかった。

坊守《ぼうもり》と門徒農民は、一体となって生活を守る姿勢であった。

三河の農民組織の中核の立場にあったのが、上宮寺《じょうぐうじ》、本證寺《ほんしょうじ》、勝鬘寺《しょうまんじ》などの三カ寺、有力な末寺であった。

七カ寺とは、この三カ寺に浄妙寺《じょうみょうじ》、正法寺《しょうぼうじ》、無量寿寺《むりょうじゅじ》、願正寺《がんしょうじ》を加えた有力寺院であった。

上宮寺の末寺は、西三河六十四カ寺、尾張四十一カ寺、更に幾つかの有力道場があり、若干の末道場も寺に組織されていて、村の道場の下には末道場が附属していた。道場には僧名を名乗っている者、俗名の道場坊守がいて、上宮寺教団が六十四カ寺の末道場を数えた等から文明年間以降、教線は飛躍的に発展し、天文・永禄年間にかけて更に多数の末寺を得たというような、三カ寺、五カ寺、七カ寺のそれぞれの有力寺院であった。

三河の本願寺教団門徒たちの領国大名、徳川家康への一揆運動が永禄六（一五六三）年に勃発した。

末道場に結ばれている門徒は、大部分が中小名主、百姓、農民であったが、百姓の道場を中心とする組織が進むにつれ、三河の村々の武士も本願寺教団の門徒化になっていった。

戦国時代を通して、在地武士群の本願寺門徒化の傾向が顕著となる。在地武士の連判状もある。武士門徒である本願寺教団の本願寺、有力寺院、末寺の根幹をなす有力末寺が三河に相当多く存在し、農民門徒を含めて三河本願寺教団の力は実に強大であった。

蓮如上人の手によって、浄土真宗教団の発展の地域に相次いで建てられた寺院数は少なくない。それらの寺院は、地方教団の中心となり、道場には本願寺法主《ほうしゅ》と血縁関係のある蓮如上人の子息をはじめ、近親者が住持として配置された。

これらの寺も、三河在来坊主、門徒の援助、有力寺院の計らいによって出来あがったものであった。

村落内の道場、坊守（僧）は、惣門徒の意志を門徒と共にすることが生きる道でもあった。

三河の一揆の勃発

秋の収穫期、家康の命をうけた酒井雅楽頭正親《さかいうたのかみまさちか》の指揮のもとに菅沼藤十郎《すがぬまとうじゅうろう》が、佐々木村に城砦を築くことになった。上宮寺のある村である。

城砦に貯える糧秣《りょうまつ》の徴発が村々で強行された。

門徒からの志納金《しのうきん》で富裕な本願寺末寺を見逃さず、まず手近な上宮寺からの徴発をはじめた。

三河一向宗の三カ寺に兵を向け、糧《かて》を奪い取って菅沼藤十郎が構える城砦に運び入れる。上宮寺の僧、是《これ》に怒り「当国の三カ寺は開山より以来、守護使不入《しゅごしふにゅう》の地である」三河の全坊守、門徒に檄《げき》をとばし、菅沼の城砦を襲い徴発された米を奪い返すことになった。

これが三河の一向一揆の発端となった。

上宮寺のこのような態度は、家康にとって許し難い逆心であった。

和平交渉もうまくいかず、永禄六年、三河の一向一揆が、家康と三河門徒の運命をかけて展開されることになった。

武士も少なからず、反家康の立場に立ち、一向宗寺院に馳せ参じ、一揆に加わった家康の家臣もあった。

反徳川家康戦線が全三河にわたって結成された。

一向一揆との戦いは、一進一退の激闘を繰り返しながらも、一時は、一揆側に有利な状況となった。

家康は、自ら各地の戦いに出向いた。

家康を窮地に追い込むこともしばしばあったが、家康は、その度ごとに危機を脱した。

浄土宗浄聚院において家康と一揆側の武士との間に和議が進められた。

講話の条件に従い、三カ寺等有力寺院の勢力をそのままにしておけば、一揆再燃は免れないと、家康は、宗教勢力をそのままにしておかなかった。

一揆が平静にもどると、土呂《とろ》の善秀寺《ぜんしゅうじ》、佐々木の上宮寺、針崎《はりさき》の勝鬘寺、野寺《のでら》の本證寺などの有力寺院に、家康は改宗を命じた。改宗すれば存続を許すが、拒否するのであれば破却するという命令であった。

有力寺院は改宗を拒んだ。

その結果、有力坊主（僧侶）は、三河を追われた。

三河本願寺教団の主力は、壊滅に瀕《ひん》したが、本願寺の信仰勢力が教勢を再編するには、一揆後二十年を経た天正十三（一五八五）年であった。

第二項　念仏者と政治権力

当時、念仏者である農民生活者から年貢をとる立場にあった政治権力は、守護《しゅご》、地頭《じとう》の名で呼ばれた武士たちであった。

農民たちは、組織の一員として租税を拒否するという行動に出た一揆であったが、政治権力による念仏弾圧の口実になる為、蓮如上人は戦国乱世の中で「為政者にとって理想的な農民たれ」と説いていて、戦国の政治、社会の体制の否定の論理は全くうかがえない。

年貢の完納と世間の常識を守っての生活態度を説いている。

蓮如上人以来、地方在住の本願寺法主の血縁者の僧侶を動員して、門徒僧侶の反体制言動、一向一揆を極力制止し続けてきた。

しかし、本願寺教団が、飛躍的に発展地帯の各地におこる一向一揆をおさえることは不可能であった。

加賀の一向一揆におくれること約一世紀、顕如《けんにょ》の時代（織田信長の時代であったが）越前国に一向一揆の領国が誕生し、確かに農民門徒は年貢が軽減され、生活の余裕が生まれた。

政治権力、守護、地頭への年貢未納や権力無視の姿勢は、両者の武力衝突を不可避なものとなっていた。

蓮如は、念仏者の「仏法の為、一命を惜しむべからず合戦すべき由」との断固たる戦いの姿勢に対し、既成の宗教、政治体制との共生を説き続けた。

蓮如上人の努力にもかかわらず、文明六年、吉崎では加賀の政治権力からの攻撃にさらされ、武士勢力と門徒の両方に多数の犠牲者を出した。

蓮如上人は、一向一揆の指導者である加賀の大坊主の四巨頭に「お叱りのお文」という手紙をおくり、言語道断の行動をきつくいましめた。

戦国時代の各地の一向一揆に対して、既成の体制の秩序を守ることが真宗念仏者の理想像であることを説いてきた。

そのことが、真宗本願寺を守り、念仏を守る道と考えてきた本願寺であった。

石山本願寺一揆にて、本願寺法主は、制止的態度をとり続けて、念仏信仰と本願寺教団を守る道を考えていた。

本願寺の姿勢が、大きく方向を変えた。

顕如は、全本願寺門徒を、信長勢力との対決にかりたてた。

顕如が、天正八年、信長の前に条件付き降服を余儀なくされた時、本願寺は再び政治権力への従順な立場に姿を変えた。

第三項　蓮如上人の民衆救済道

親鸞聖人の教えを忠実に守っていた大谷の本願寺は、長らく衰微《すいび》沈滞に苦しみ寂れていた。

蓮如（一四一五年〜九九年）の生まれる二年前、一四一二年頃の本願寺は「人跡絶えて、参詣の人、一人も見えず。さびさびとした状態」であった。

仏光寺は、参詣者が多く繁昌《はんじょう》していた。

関東から越前を中心とする北陸一帯は、高田派専修寺教団が教線を拡充していて、近江から大和地方には錦織寺《きんしょくじ》が勢力を持っていた。

真宗諸派が繁昌して、本願寺のみが参詣者が一人もいない状態を憂いて蓮如は、親鸞聖人の領《うなず》いた仏教、念仏道の宣布《せんぷ》に、座の暖まる暇もなく、教線拡大に動いた。

蓮如は、存如《ぞんにょ》の長男として生まれた。

十七歳で得度し、法名を兼寿《けんじゅ》と言った。

青年時代に親鸞著『教行信証《きょうぎょうしんしょう》』や存覚《ぞんかく》の『六要鈔《ろくようしょう》』をはじめ、真宗の著述を精読し身につけた。

後年、教義の真髄を平易な文章で『お文』(御文章)、お手紙を消息として門徒に与え、盛んに文章伝道を行うが、その素地はこの下積時代に養成された。

彼は、関東北陸の親鸞聖人の旧跡を巡拝《じゅんぱい》して、四十三歳の時、存如の遷化《せんげ》によって如《にょ》乗《じょう》の推薦により、本願寺第八世となった。

蓮如上人の巧みな布教は真宗諸派、時宗の信者等も巻き込んで、本願寺門徒に改宗させて、本願寺は急速に発展した。

何等の修行も不要で、どんな煩悩具足《ぼんのうぐそく》の凡夫も一念発起の信心の定まる時に往生が決定するという絶対他力の教えを平易に説いた。

臨終の来迎まつことなく、平生の信心が確立する時、往生が決定すると「平生業成《へいぜいごうじょう》」

の義を説いた。

　農家も狩、漁をし殺生する者も、商人も職業の区別、男女の差別なく、弥陀の名号を称えさえすれば、如来の本願力によって平等に救われる。

　門徒は、すべて親鸞聖人の門徒であり、同行、同朋であると、平座にて門徒と同じものを食べ、ねずみ色の衣を着て、庶民的な態度で門徒に接した。

　そして、親鸞聖人のよき理解者として、要点を巧みに分かりやすく聞かせ、俗耳に入りやすく平易に説いた。

　蓮如の布教は、大きな成果をあげ農村の間に急速に広まった。

　蓮如は、農村を教化する方法として、村落の行政を単位に、村落の中心者である年寄り、長《おとな》をまず帰依させ、村全体を門徒化、その村に坊主を置き、講《こう》を組織し、寄合、談合を奨励し、横の連帯を強化することによって、村の信仰を固めた。村落を単位に門徒講を押しすゝめたのは、蓮如上人の創意であった。

　室町時代の、蓮如の、民衆救済「信仰と実践」を考察し、筆を進めると、蓮如の民衆救済道があることがわかる。

蓮如《れんにょ》は、東西本願寺の基礎を築き、親鸞聖人《しんらんしょうにん》の同朋精神を見事に戦国乱世に開花させた報恩思想、潮流系譜の法然上人《ほうねんしょうにん》、親鸞聖人、蓮如上人の系列の中興の祖、信仰実践者である。

蓮如ファンの私は、『蓮如　北陸伝道の真実』『蓮如の福祉思想』『蓮如の生き方に学ぶ』（北國新聞社）とかって三冊蓮如論を著している。右の拙著をお読み頂けたらうれしく思う。

蓮如の民衆救済の視点は、質素な生活を勧め、衣食の二つが人間の生活に不可欠であると説く。

「衣食支身命《えじきししんみょう》」とて、食うことと着ることとのふたつかけぬれば、身命やすからずして、かなしきことかぎりなし。まず、きることよりもくうこと一日片時もかけぬれば、はやすでに命つきなんずるようにおもえり。これは人間においての一大事なり、よく〳〵はかりおもうべきことなり。

蓮如上人は、来世の問題というよりも、「衣食支身命」という現世の問題、生活の安定、命を支える食生活を重要視した。

民衆の職業、その生活についても

「タダアキナヒヲモシ、奉公ヲモセヨ、猟スナドリヲモセヨ、カカルアサマシキ罪業ニノミ、朝夕マドヒヌルワレラゴトキノイタヅラモノ」

（文明二年十二月十八日の『御文』（御文章））にて

殺生や商行為、賤視された生業を含め、あらゆる職業に従事する人々に、その職業につ いたまゝ、弥陀の本願を信ずることによって救われるという救済観を示した。

すべての門徒（信徒）は、阿弥陀仏の前にあっては、平等な対等な人間関係であると考えて、門徒に教えた。

蓮如上人は、平座を実行し、門徒と対等に、気軽に雑談を交わす態度をとっていて、門徒本位が蓮如上人の一貫姿勢であった。

「四海の信心のひとは、みな兄弟なり」（『空善聞書《くうぜんもんしょ》』）

蓮如上人の同朋思想は、惣村《そうそん》（村）の信仰、講《こう》、寄合に反映され、成員相互の連帯、人間的共感の生活を導くものであった。

第四項　足利時代の民衆救済

建武《けんむ》の中興《ちゅうこう》以来、織田信長が、将軍足利義昭《あしかがよしあき》を追放して、足利幕府が滅亡する迄のおよそ二百四十年における僧侶の民衆救済実践は決して盛んであったとは言い難く、輝かしいものは教化であり、足利時代を特色あるものにした。

教化運動の中心となったのは足利学校《あしかががっこう》であった。

足利学校は、下野国足利荘《しもつけのこくあしかがのしょう》（現在の栃木県足利市）にあった中世随一の学校であった。

好学の人、関東管領上杉憲実《かんとうかんれいうえすぎのりざね》が、永享四（一四三二）年に再興し、鎌倉円覚寺《えんがくじ》の僧快元《かいげん》を学頭（校長）に招き、幾多の書籍を蒐集《しゅうしゅう》、所領を寄進して、学則を定めた。

授業は易学を中心とし、儒学や兵学、医学などが講述され、田代三喜《たしろさんき》、曲直瀬道三《まなせどうさん》のような医者も出た。

学ぶ者は、ほとんどが若い僧侶たちで、高等教育機関であり、ここで学んだ者が各地に迎えられ、学問の地方への浸透を一層高め、教師養成校としての役割も果たした。

第七世、玉崗九華《ぎょっこうきゅうか》の時、その極に達し、入門者三千人とも言われ、大部分は京都鎌倉の五山十刹《ござんじっさつ》を始めとした諸国の寺院より来る僧徒であった。

これらの僧徒は卒業して故郷へ帰ると、後世、寺子屋の源となった村校、小学校をつくり、子弟の教育に努めた。

つまり、庶民教育の場として庶民が寺院で学ぶ風習が普及し始めた。

武士、豪族の子弟、公達、太田道灌《おおたどうかん》、上杉謙信《うえすぎけんしん》、織田信長、徳川家康など戦国の英雄はひとしくここに学び、保護した。

教科は、看経《かんきん》、礼拝、読書、洒掃《さいそう》対応など『庭訓往来《ていきんおうらい》』『童子教《どうじきょう》』『実語教《じつごきょう》』など往来《おうらい》物《もの》が主であった。往来物は、鎌倉時代、室町時代から明治時代初期に至るまで初等教育、特に寺子屋用に編集された教科書の総称となった。往来は、消息、往来の意で、教化書として『庭訓《ていきん》往来』など庶民教育に重要な意義を有した。

『論語《ろんご》』『四書五経《ししょごきょう》』『万葉集《まんようしゅう》』『源氏物語《げんじものがたり》』そのほか、歌集など様々のものがその補助の教本となった。

往来物の著述も行われ、当代後世に用いられた『庭訓往来』『遊学往来』『釈氏往来《しゃくしおうらい》』

『貴嶺問答《きれいもんどう》』『富士野往来《ふじのおうらい》』等の大部分は僧侶の手によって成った。

僧侶の貢献は偉大で、教科書の著作も当代に行われた。

存覚《ぞんかく》は『報恩記《ほうおんき》』を、宗祇《そうぎ》は『児教訓《ちごきょうくん》』を、義重は『修善論』を著わし、蓮如は、戦国武将と戦いながらも他方、布教に努め、『御文（文章）』『改邪鈔《かいじゃしょう》』など平易に信心為本《しんじんいほん》、王法為本《おうぼういほん》を勧め、五常《ごじょう》を宗規となし、教化に努めたが、一休和尚もこの時代の人である。

家訓、家書も流行したが、ほとんど僧侶の手により成り、神仏の尊崇を重要な項目とした。

金沢文庫も仏典と共に和漢書を収蔵、鎌倉僧徒に学ばせた。

教化の方面にわたって、仏教徒の功績が顕著であったといえる。

貧困の主な原因は、天変地異による損害であり、歴史上、足利時代ほど惨害の甚しかった時代はなかった。

寛正元（一四六一）年の大飢饉は、一月から八月まで続いた。

将軍義政《よしまさ》は、惨状を横目に銀閣寺で遊飲にふけり、放任して省みなかった。

寛正二年の大飢饉にあって、京都では餓死者を四条、五条の橋の間に一穴、千人、二千人と埋めても尚、放置する死屍その数しれず、四条橋附近では流屍が流れを塞ぎ、その腐敗の臭いは耐え難かったといわれる。

一月から二月にかけ、死者八万二千を数えたが、大雨が降り、河川の死屍をすべて海に流してしまった。

この飢饉、悪疫流行は八月まで続いた。

この飢饉に民衆救済、救貧を行った僧侶がいた。

僧願阿弥《がんあみ》は、六角堂頂法寺《ちょうほうじ》の南路に草舎十数件をつくり、飢民を収合し、自立歩行不能者は竹輿《たけごし》にて運び、粟粥《あわかゆ》を煮て食べさせ、死者は、賀茂川の堤や油小路の隙地《げきち》に埋め、塚に樹を植えて供養をしている。

聖林院《しょうりんいん》も飯粥を施し、東福寺《とうふくじ》、相国寺《しょうこくじ》など寺院、真如寺《しんにょじ》、萬寿寺《まんじゅじ》、南禅寺《なんぜんじ》、天龍寺《てんりゅうじ》など渚山の僧侶も四条、五条、渡月橋《とげつきょう》で施食会等を行った。

蔭源軒も飢民の救助につとめた。

五山の僧も一大施餓鬼会《せがきえ》を修し、悲田院が窮民を救護した。

大雲院《だいうんいん》の高明も慈救を尽くし、京都相国寺の周仲《しゅうちゅう》、妙《みょう》葩、天龍寺の妙英、下野興禅《こうぜん》寺《じ》の妙應《みょうおう》などが布施行を行い、名を知られた。

第五項　室町時代の救貧制度

室町時代における貧困の原因の主たるものは、天変地異による災害であった。永享五（一四三三）年九月の関東大地震、永正七（一五一〇）年の地震、慶長元（一五九六）年におきた地震と、民衆は貧困に苦しんだ。

室町時代の頻発した地震の中で、最も広範囲にわたった大地震は、天正十三（一五八五）年十一月の地震で畿内東山、東海、北陸の三道に及び地割れがおこり、水も噴き出し、家屋の倒壊もあり、多くの犠牲者が出た。

大佛殿、北野経堂、東寺金堂に大被害があり、京の諸寺は壊滅し、死者数万人といわれた。

伏見城の殿舎が倒壊し、女性七十三人、下婢五百人余が亡くなったと、伝えられている。

天文九（一五四〇）年、甲斐一体に大風が吹き、湖畔の家は波浪にのまれ、樹木におおわれた家々は大木の倒木に打ちのめされ、堂塔、伽藍は破壊され、作物の被害もあり、鳥獣の死骸も散乱、津湊の船舶も転覆沈没するありさまであった。

応永三十（一四二三）年の京都の洪水、永禄三（一五六〇）年の豪雨、泥水が田畑に流れ込み、旱魃《かんばつ》、長い間雨が降らず、ひでりが続き、水が枯れ、米が不作、飢饉による餓死者が街にあふれ、食べるものがなく、七歳以下の孩児が水に投ぜられるありさまだった。山崩れ、大雪、風水害被害、旱魃の天変地妖《てんぺんちよう》による災害が室町時代ほど頻発し、惨害が甚しかったこのような時代はなかった。

室町時代は重なる天変地異で貧困、貧窮者があふれ、悲惨な状況であった。

当時の為政者の民衆救済策はいかがであったろうか。

東山文化を育成した八代将軍足利義政《あしかがよしまさ》（一四三六年～一四九〇年）は、財政難や民衆の窮状も顧みず、土木工事や奢侈《しゃし》な生活に溺れ、遊飲を好み、全く民衆の苦しみを顧みず、無関心の状態であった。

歴代の将軍等は無為無策で傍観の有様であった。

三代将軍足利義満《あしかがよしみつ》（一三五八年～一四〇八年）は、南北朝の内乱の合一を実現、明徳の乱や応永の乱で、有力守護大名の力を削減し、室町幕府の最盛期を現出したが、明徳四

（一三九三）年、洛中に一万斛を施米し、足利義持《あしかがよしもち》（一三八六年～一四二八年）は、應永二十八（一四二一）年の飢饉に諸大名に命じて、五条河原に救小屋を建てて施しを行ったにすぎなかった。

寛正二（一四六一）年の大飢饉は、餓死者を五條の橋下に穴を掘り、千人、二千人と入れ、死屍その数知れず、河川の八万二千人の死者の腐臭に耐えがたい有様で、大雨が降り、死屍を皆、海に流し去った惨事であるが、幕府はわずか五、六日間、米穀の施与をなすが、到底及びつかず、直ちにこれを打ち切った。

上杉謙信《うえすぎけんしん》の窮民救済

上杉謙信（一五三〇年～七八年）は、永禄二（一五五九）年、越後の大旱魃《だいかんばつ》に、倉庫を開いて、米穀を出し、国中に頒与《はんよ》して窮民を救った。

永禄三（一五六〇）年五月、令を発して、賦税《ふぜい》を三分の一に軽減し、被害を受けた最も困窮した者は全免した。

農民のみならず、府内の商売にひとしく五年間課税を免除する方針をとり、窮民の救済に努めた。

僧侶の救済活動

願阿弥《がんあみ》は、旱魃で人々が困窮流浪し、食を乞う者が続出すると、幕府に請い、許しを得て、寛正二年、六角頂法寺《ちょうほうじ》の南路に草舎十数件をつくり、専ら収容に努めた。飢えて病に起きることができない者があれば、竹輿《たけごし》に乗せて運んだ。飢民に対し、粟粥《あわかゆ》を煮て、食べさせ、いたわった。

足利義政《あしかがよしまさ》（一四三六年〜九〇年）が、銭百貫文を願阿弥の施しに助成した。飢民は毎日、八千人に達した。餓死者は止まらず、願阿弥は、賀茂川の堤、油小路の隙地に埋め、塚に樹を植えて供養をしている。

東福寺の聖林も飯粥等を施与した。

天龍寺《てんりゅうじ》、建仁寺、等持院など五山十刹の僧侶も四條五條の河原、渡月橋等にて施食を行ない、飢民の救助につとめた。

妙葩は、天正十八（一三六二）年、阿波に在って、飢饉のため人々が苦しむのを見て、喜捨《きしゃ》を受け、飯粥を施した。

永正十六（一五一九）年、春夏の京畿大恐慌の時も、非田院に於て僧侶が窮民を救護した。

在家者　民間人の救済活動

春公は、銅銭数百枚を飢民に分け、三条亜相は、寛正の飢饉の際、午膳を飢民に施し、種満は、永正十一（一五一四）年の大飢饉の時、流民に七日間、粥を施した。

筒井順昭《つついじゅんしょう》（一五二三年～五〇年）は、洪水を防ぎ、金銀、米穀を出して飢病者を救い、よく死者を弔った。

僧侶も救貧方面に注目し、武蔵浄国寺の聞証《もんしょう》、妙英《みょうえい》を始め、武蔵善応寺の貞極《ていごく》、相国寺の周伸のように病人、囚人、棄児の保護と共に、賑恤《しんじゅつ》をなす者もあった（『前相国無求伸禅師行実』）。

元聖、元選も共に悲田院を興し、妙超《みょうちょう》、妙応《みょうおう》は、乞食《こつじき》の救済に力を入れ、貧者、病人を救った。

室町時代は戦《いくさ》が絶えなかった。耕作地は荒廃し、耕作地は、本土等の八十五万四千余町歩、出羽の三万八千余町ほどであった。

橋梁は、河川の氾濫、道路は至るところ破損して、米穀等の運輸に多大な支障を生じた。橋梁、道路の開通は有力な防貧とも言えた。

土木的防貧

京都四條、伊勢宇治の御裳濯川《みもすそがわ》、近江の三津川《みつんかわ》、甲斐の猿橋《さるはし》、阿蘇の鹿渡橋などの構築が行われた。

願阿弥、乗賢、正賢、守悦、清順、十穀の僧尼の力もあった。仏教渡来以来、影をひそめた知られた架橋として、慈恩、慈鉄は、京都五條橋を架け、智源が四条橋を再興した。夢庵等も山城大堰川《おおいかわ》に渡月橋を架け、これらは勧進によって行われた。

岩橋元祐が、奥州路を開き、相良為続《さがらためつぐ》は、八千より人吉に通ずる山道を削り道路を拡充した。

戦国武将の武田信玄は、国中に信玄堤を造り、洪水を防いだ。

道路の開修等その多くは上杉謙信、武田信玄、北条早雲など戦国武将によって行われた。

第六項　土一揆

室町時代、土豪、農民、馬借等が中心となって実力行使を計り、酒屋、土倉等を襲撃し、債務の破棄等を要求し、幕府に徳政令の発布を求めた。

頻発したのは十五世紀で、山城、近江、大和、伊勢、播磨など先進地帯から始まった。文明年間（一四六〇年〜）以降、山陽道の備中、備後、安芸へも波及、十数カ国、七十余回の土一揆があった。

a　正長《しょうちょう》の土一揆《つちいっき》、嘉吉《かきつ》の一揆《いっき》は、大規模であった。

正長元（一四二八）年八月、近江国、九月、山城国醍醐で土一揆が起きた。借金証文を奪い、焼き捨てた。

一揆は、京都の東寺を拠点に洛中の土倉、酒屋に押し寄せ、幕府に対しては徳政を要求した。

幕府は、その要求に応じず、管領畠山満家《はたけやまみついえ》の軍により撃破され、十一月に幕府は、土一揆の行為を禁じる禁制を発布した。

しかし、一揆の動きは京都から伊賀、伊勢、大和、紀伊、和泉、河内、摂津と拡大した。蜂起したのは、土豪、百姓、馬借、車借等であった。

正長元年は、全国的に飢饉が続き、人々の困窮は甚だしく、死者が続出した。

b　嘉吉の土一揆

嘉吉元（一四四一）年六月、足利義教《あしかがよしのり》が、播磨の守護赤松満祐《あかまつみつすけ》によって京都で暗殺された。

播磨に逃げた赤松満祐を追って、幕府軍が京都を離れた間隙をぬって一揆が発生した。

近江国から始まり、京都へ及び、その勢力は正長の土一揆を上回り、追討に向った幕府の侍も一揆に押され、鎮圧できなかった。九月三日には、幕府軍を破った一揆勢は、東福寺を占拠。北白川、東寺、北野と京都各地に波及し、各地の交通を封鎖し、土倉、酒屋等を襲った。

c　享徳三（一四五四）年の享徳の土一揆は、規模が大きかった。

畿内周辺の土豪、地侍、農民、交通運送業の馬借等が重要な役割を果たした。守護、領主、幕府に対して徳政令の発布を要求した。

古代律令国家には、貧困者、自立不能の高齢者、障害者等の救済制度があったが、律令制度崩壊のあと制度として述べるようなものは何もなかった。

当時の大飢饉と三日病《みっかやみ》の流行により、餓死する者も数十万人と称せられた。飢餓の為、生死の巷《ちまた》を彷徨《ほうこう》せる土民等は暴動を止めず、土倉、酒屋等を襲った。特権階級に債務破棄の要求を提出した。

徳政令は救貧の一策となった。

上杉謙信は、永禄四（一五六一）年、越後魚沼郡上田藪神、妻有の三庄が水害被害を蒙った時、徳政令を発した。

武田信玄も、永正十八（一五二一）年五月、大雨洪水の為、甲斐の田畑が流れ、旱魃が三カ月に渡り、米価が高騰すると直ちに徳政令を発して三年以前の借貸を棄損し、他は元金のみを返還することとした。

武田信玄の徳政令に対して、下民は困難に陥いるものが多かった。

僧医の活動も注目された。

遠江国方広寺《とおとうみのくにほうこうじ》開山の無文元選《むもんげんせん》は、後醍醐天皇の皇子とも称され、仁慈に厚く、疥癬者《かいせん》がいれば必ず沐浴剃髪し、悲田院、敬田院《きょうでんいん》の二院を設立したといわれる。

高定和尚は、薬師寺園俊とも称し、医家の出身、竹田家の出と言われ、貴となく賤となく、病むものがあれば医術を施し、薬を与えた。

恩冏《おんげい》は、和泉境の坊寺に住し、病者を救護した。

称念《しょうねん》、恩冏等も病者保護に努めた。

寛妙房光淳は、明の鄭舜功《ていしゅんこう》より豊心丹《ほうしんたん》の秘方を習い伝え、病者を治療した。

畠山義忠《はたけやましただ》が南禅寺の僧、昌虎を明に遣わし、世宗に薬方について問い、鄭舜功が豊心丹を持ち、来日した。

船中、疫病が起き、百余人が枕を並べ横たわるのを見て、その薬を与え、病状が回復した。

光淳は、これを目撃してその秘方伝授を乞い、光淳は、西大寺に趣いた。

僧俗の病める人を救うこと、その願いを告げ、その願いは遂に受け入れられた。僧侶等が為した重要な事業は、施浴《せよく》であった。

施浴は、鎌倉時代に盛んに行われていたが、室町時代になっても勢い未だ衰えず、近畿の地の法隆寺、興福寺、浄瑠璃寺《じょうるりじ》、観心寺《かんしんじ》、醍醐寺、本能寺、般若寺《はんにゃじ》、光雲寺《こううんじ》等に於いて功徳風呂、非人の垢摺《あかすり》供養等が行われた。

天文年間、岡家重《おかいえしげ》が唖者の為に治療を施したこと等は、この時代として注目に値した。

第二節　安土桃山時代の民衆救済

安土時代は、琵琶湖の東岸、近江の安土城を本拠とした時代である。

琵琶湖に面した水陸交通の要衝の地、五層七重の天守閣を持ち、内部の障壁画は、狩野《かのう》永徳《えいとく》の筆による。天正四（一五七六）年、織田信長は、丹羽長秀《にわながひで》に築城を命じ、政権を掌握した。

安土桃山時代の特色は、室町時代以降行われた海外貿易から南蛮文化《なんばんぶんか》がこれに加わって、その特色ある文化を形作った。

安土城がその一つで、戦国時代に非常に発達し、それに西欧技術の加えられた築城技術によって本丸を七重に作り、その各層に狩野派の名人、永徳を初めとする当時の工芸家の粋を集めて作られている。

天正七（一五七九）年、織田信長が臨席して、慈恩寺《じおんじ》浄厳院《じょうごんいん》で、浄土宗と日蓮宗の論争、「安土宗論《あづちしゅうろん》」が行われた。「安土問答《あづちもんどう》」「安土法論《あづちほうろん》」とも言われる。浄土宗の勝、とされたが、それは織田信長の日蓮宗迫害の為の画策とも言われている。

安土桃山時代は、織田信長、豊臣秀吉が政権を握っていた時代（一五七三年～九八年）である。

関ケ原の合戦で徳川家康が勝利する一六〇〇年迄という時代区分もある。

安土桃山時代を織豊時代《しょくほうじだい》とも言う。

織田政権の宗教政策は、中世的権威の頂点に立つ比叡山延暦寺を焼き討ちし、石山本願寺勢力屈服をめざした。

キリスト教を保護し、宣教師による布教を認めた。

中世的権威を否定し、封建的秩序の確立をめざした信長にとってはキリスト教は、魅力的であり、安土に教会と学校の建設の土地を与えたりした。

秀吉は、天正十（一五八二）年、本能寺の変で織田信長が打たれた時、直ちに毛利と和睦し、軍を引き返して明智光秀を討った。

この戦の勝利により、秀吉は、織田信長の遺業を継ぐ第一歩を踏み出した。

豊臣秀吉（一五三六年~九八年）は、織田信長の草履取りとなり、重用され、織田信長の武将として出世、羽柴と称し、天下統一を達成している。

文禄、慶長の二度にわたり朝鮮に出兵、今日でも韓国では、日本の侵略を語るが、太閤検地、刀狩、身分統制令によって兵農分離政策を強力に遂行し、新しい社会体制、幕藩体制の基礎を作りだした。

第一項　信長・秀吉の宗教政策

一　南都への圧迫

多くの戦国大名にとって、仏教、一向宗、日蓮宗は、その発展に大きな障害であった。

信長の仏教政策も仏教圧迫政策が少なくない。

奈良興福寺《こうふくじ》に滝川一益《たきがわかずます》、惟任日向守《これとうひゅうがかみ》を派遣、管理せしめ、又、寺領の目録を詳細に報告する様に厳しく命じたことが示されている（『多聞院日記《たもんいんにっき》』二六）。多聞院日記四六巻は、興福寺多聞院英俊《えいしゅん》の日記を中心として、文明十（一四七八）年から元和四（一六一八）年にわたる記事を書き記している。

二　浄土宗の庇護

織田信長は、一向宗、法華宗の勢力を滅却すべく、比較的安穏と見られた浄土宗の庇護《ひご》（かばい、まもる）を行った。

この浄土宗を足場に、他の宗派の迫害を行った。庇護した浄土宗については、総本山を城下町、安土に移らしめんとした。

近江、伊賀両国の浄土宗寺院、八百八寺を統轄して、天正五年、六年頃安土に浄厳院《じょうごういん》を建設した。

三　真宗本願寺への圧迫

織田信長と一向一揆の中心、石山本願寺との確執《かくしつ》（自分の意見を固く主張して譲らない。その為、双方の間が不和になる）は、永禄十二年に始まる。

織田信長は、天正四年、本願寺を攻略、天正八年に和議したのであるが、「本願寺に叛《はん》意《い》（叛《そむ》こうとする意志）あり」と、本願寺への出入禁止、十五日以内に石山本願寺引渡しを要求している。

四　高野山の制圧（秀吉）

本願寺とは別に高野山も又、大きな勢力を持っていた。

天正十三年四月十日「高野山文書《こうやさんもんじょ》」秀吉（花押《かおう》）は、大師寺領安堵と共に、押領《おうりょう》（兵を率いて無理やり奪うこと。兵率を監督、統率すること）の禁止、寺僧の堕落、武具保持の禁止を、秀吉は言い渡し、仏事への精進、悪逆人抱込みの禁止を厳命、「叡山、根来寺《ねごろじ》の轍を踏むな」と言っている。

五　比叡山の再建許可（秀吉）

天正十二年五月の筑前守《ちくぜんのかみ》秀吉（花押）の正覚院御坊徳雲軒《しょうかくいんごぼうとくうんけん》（施薬院《やくいん》）記『延暦寺文書』は、秀吉に至り、仏教政策は軟化し、協和的な方向がとられるようになる。このことは、延暦寺、園城寺《おんじょうじ》を始めとし、諸派が勢力を失ったことを意味している。

秀吉は、寺院復興を行う。高野山の青巌寺《せいがんじ》もその一つである。

比叡山は、元亀二（一五七二）年、織田信長によって焼かれた。施薬院全宗《やくいんぜんそう》、観音寺詮舜《かんのんじせんしゅん》の説得により、秀吉の許可を得た豪盛《ごうじょう》は、祐社と共に、山門一山の処理に当たっていた。

六　本願寺京都移転（秀吉）

秀吉は、本願寺を京都に移すべく、堀川十万坪を施入《せにゅう》（寺院に喜捨《きしゃ》）し、本堂が落成したことを、天正十九（一五九一）年正月五日、秀吉朱印本願寺殿が『本願寺文書』に記されている。

御影堂《みえいどう》の完成は文禄元年である。

第二章　近世　江戸幕府

近世という歴史観は、古代、中世の後に続く時代の一区分であり、封建制後期に当たる江戸時代を言う。

中世は、大寺院、地方寺院も広大な寺領荘園を所有していた。

応仁の乱、応仁元年～文明九（一四六七～七七）年は、足利将軍家の相続問題をきっかけとして、東軍細川勝元《ほそかわかつもと》、西軍山名宗全《やまなそうぜん》とが、それぞれ諸大名をひきいれて京都を中心に対抗し、大乱となった。

京都は、戦乱の巷となり、戦国時代となった。

応仁の乱の頃を境に、次第に封建領主の収奪によって衰微していった。

織田信長《おだのぶなが》（一五三四年～八二年）は、今川義元《いまがわよしもと》を桶狭間《おけはざま》に破って、威名を天下にとどろかせ、一五七三年、足利義昭《あしかがよしあき》を追って、幕府を滅ぼした。

安土城を築き、天下統一の歩みを進めた。

反抗する諸寺社を焼き討ちにする、徹底的破壊工作を行った。

一五七一年、信長は、比叡山を焼き討ちにした。

信長は、対仏教の政策上、キリスト教を保護し、京都と安土に教会の建立を許可した。

天正四（一五七六）年、京都本願寺を攻撃し、有力寺院の権力を除去した。

天正九（一五八一）年、高野山を包囲攻撃したが、翌年、信長は、京都本能寺で明智光秀《あけちみつひで》に殺害され、高野山は危機をまぬがれた。

豊臣秀吉は、根来寺を攻撃し、寺領の検知、接収をすゝめ、高野山や諸大寺の武装解除を行った。

高野山、比叡山の伽藍《がらん》復興を木食応其《もくじきおうご》（一五三五年〜一六〇六年）に命じ、本願寺の復興、京都方広寺《ほうこうじ》の建立に努め、近世封建的組織に寺院を組み込ませることに成功した。

江戸幕府

徳川幕府は、徳川氏が江戸に築いた武家政権であり、初代、徳川家康《とくがわいえやす》が、天皇から征夷大将軍に任命された慶長八（一六〇三）年から、十五代将軍、徳川慶喜《とくがわよしのぶ》が、天皇に政権を返還した大政奉還の慶応三（一八六七）年迄、二六五年間続いた。

江戸時代の宗教政策は、現代仏教の伝統的、基本的政策づけをなした。

戦後、仏教のあゆみは徐々に変貌を遂げるが、江戸仏教の延長線上にあるとも言われる。

徳川家康は、慶長五（一六〇〇）年、石田三成《いしだみつなり》の西軍を、天下分け目の関ケ原の合戦を行い、西軍、小早川秀秋《こばやかわひであき》の裏切りによって、東軍が大勝、以後、天下の実権を握った。

慶長八（一六〇三）年、江戸に開府。一六〇八年より一六一六年にかけて寺院法度《じいんはっと》（おきて、禁制）、諸宗寺院の法度を重ねて下し、諸法式の遵守、本末関係を乱さぬこと、建物修理の簡素化、寺領の売買をせぬことを趣旨とした。

一六三五年、寺社奉行を設け、寺社の取り締まりに当った。

この年、海外渡航を禁止し、キリスト教弾圧、切支丹禁教《きりしたんきんきょう》政策を実施した。

一六三七年、キリスト教徒の反乱、島原《しまばら》の乱《らん》が勃発、幕府は、踏絵《ふみえ》により信者の摘発に努め、寺檀《じだん》（檀家）制度をつくり、キリスト教に対する防衛策を講じた。

一六七一年「宗門人別改帳《しゅうもんにんべつあらためちょう》」を各寺院に作成させ、いずれかの檀那寺《だんなでら》に所属することを証明させた。

江戸幕府の宗教政策に積極的に協力、功績のあった者に、臨済宗の金地院崇伝《こんちいんすうでん》（一五六九年～一六三三年）と天台宗の天海《てんかい》（一五三六年～一六四三年）がいる。

金地院崇伝は、多くの寺院法度の作成、発布に力をつくした。

天海は、徳川家康に信頼され、寛永寺《かんえいじ》の建立、徳川家康没後の一六一七年、日光に東《とう》照大権現《しょうだいごんげん》として徳川家康をまつった。

江戸時代の寺院形態は、本末制度（本山と末寺）の関係を固定し、諸寺に「戒律を厳重にして学問に専念すべし」と、一向一揆の再発を警戒した。

第一節　江戸幕府の宗教政策

慶長三（一五九八）年、豊臣秀吉が伏見城《ふしみじょう》で没すると、徳川家康は、関ケ原の合戦の勝利、戦後処理による全国支配権を掌握し、慶長八（一六〇三）年、征夷大将軍就任により、秀吉の関白政権に代わる江戸を拠点とする武家政権を獲得、慶応三（一八六七）年の十五代将軍徳川慶喜による大政奉還まで二六五年間、全国支配、幕藩体制《ばくはんたいせい》が存続する。

江戸幕府を中央政権とし、大名の藩を地方統治機関とした。江戸時代の支配体制、幕藩体制は、すべての土地を米の生産力、即ち、石高制《こくだかせい》によって支配し、それに基づき農民から年貢を徴収することで成立した。

寛永の飢饉

寛永十九（一六四三）年、江戸時代最大の飢饉が発生した。島原の乱による兵糧、軍役の挑発で農民の疲弊が深刻化した上に、寛永十八年から寛永十九年にかけて凶作が発生した。

農作物が実らず、食物が欠乏し、飢えに苦しんだ。食物以外でも、必要な物資が著しく不足する飢饉である。凶作は、豊作の反語であり、天気や気候不順の為、作物の実りのひどく悪い状態である。

農民は、耕作を放棄し、食料や奉公先を求めて都市へ大量流入、その多くは放浪し、死者は、五万とも十万とも言われた。

幕府は、領主に飢饉対策を実施させ、諸国に倹約令を発した。農民に対し、生産や生活のあらゆる規制を加え、田畑永代売買禁止令《でんばたえいたいばいばいきんしれい》を実施し、領主や農政や近世的農村が確立した。

幕府は、寛永十二（一六三五）年、寺社奉行《じしゃぶぎょう》を設けた。

寺檀制度《じだんせいど》（檀家制度《だんかせいど》）で、何人もいずれかの檀那寺《だんなでら》に所属せねばならぬ、とした。

島原《しまばら》の乱《らん》の後、切支丹《きりしたん》の取り締まりが一層強化された。

幕府は、宗門改役《しゅうもんあらためやく》を置いた。

一　寺請制度《てらうけせいど》。檀家である証明「寺請証文《てらうけしょうもん》」を寺で発行するように定められた。身分証明書である。

一　宗旨《しゅうし》人別《にんべつ》改帳《あらためちょう》。現在の戸籍謄本、家族構成、人名、年齢、移動など檀那寺の印形《いんぎょう》をもらい、藩の宗門改役に差し出す戸籍簿の役割であった。

檀家制度が確立された。

地方寺院は、墓地管理権をもつようになる。

宗学の保護奨励、学問の奨励、仏教の学問研究、宗学が発達した。

徳川時代の民衆救済実践

徳川時代に入り、僧侶等は、種々の点で幕府並びに諸侯等より庇護を受けたが、それに安じて、僧侶たる真生命を忘れがちであった。

徳川時代の民衆救済事業は、大部分、幕府、諸侯によって行われ、民間にあっては、心学者、儒者によって経営されるものが多く、指導原理も儒教を仰ぐ有様で、僧侶は無力であり、活動も盛んであったとは言い難い状況にあった。

徳川三百年間の幕府並びに諸侯の行った救貧事業及び施策は、

（一）　火災、水災など天変地異突発時はどうであったか。

直ちに御救小屋を設けた。江戸時代の火災、水災、凶作等の飢饉の際、救済するため小屋を設置、江戸期は東北地方を中心とした冷害による凶作が主で餓死する者も多かった。飢民に米、麦、穀物など救済物資を与え飢えをしのいだ。施粥炊き出しをして救金、救米と称して、金または米を施与、拝借金、拝借米と称し、金米を無利息で貸し付けた。

（二）　飢饉の時は、貧困農民に対し、租税を減免免除し、商人に対しては店の家賃地代の免除を為し、武士に対しては俸給を増加し、切米の前渡しをし、救貧に努めた。
(三) 自存不能者、鰥寡孤独《かんかこどく》、老衰者や幼児に対しては、救恤《きゅうじゅつ》の規定があり、収容所も設けられた。
(四) 非人、乞食に対して賑恤《しんじゅつ》が行われ、収容施設の設置も行われた。
(五) 民衆が武士の借財に苦しむ場合、貸借訴訟の棄却を断行、低利貸し付けを為す等、幕府、諸侯は、組織的な救貧も行った。

第一項　江戸時代の民衆救済制度

江戸時代は、飢饉や災害時の都市民や農民の困窮は、はなただしいものがあった。封建制による藩ごとの治世であるから、救貧についての全国的な施策は無く、幕府直轄地である天領、あるいは江戸市内しか通用しなかった。そして各藩では、中世と同じく藩主の恣意による救貧が行われた。

一七九二年の老中松平定信の時代の窮民御救起立《きゅうみんおすくいきりつ》(『徳川禁令考』)は、江戸市内のみであるが、高齢独身・長病の貧窮者と孤児に対する救貧の規則として注目に値する。前念、七分金積立という積立金制度を町内につくらせ、その機関として町会所《まちかいしょ》を設立していた。

窮民御救起立（一七九二年）

総町々名主家主共へ

一、七十歳位より以上で、夫または妻に別れ、手足の働きも不自由、養ってくれる子もなく、保護してくれるものがなく飢えに及んでいる者

一、十歳位より以下で、父母に別れ、保護してくれるものがない者

一、年が若くても貧困の者で長病で保護してくれるものがなく、飢えに及んでいる者

右の箇条の者は、町役人が詳しく調べて、柳原籾倉会所へその町々名主の印鑑書類をもって家主共より申し出るよう去年触れ置いた。町々積金でするべきだが、それで不足の場合は手当をわたす。

右の趣は、町々名主家守共、洩らさぬよう申し渡す。

（寛政四年）五月二一日

七十歳以上の独身者、長病で飢えている者と十歳以下の孤児が対象で、米を給するが、

その費用は積立金を利用せよとし、それが不足であれば、手当を渡す。自主的な積み立てをし、救貧にそれを利用せよというのである。幕府がこの規律をつくった意味は、積金が不足する場合に、手当を渡す、というところにある。

このほか、町会における窮民救済に関する取り扱いについて具体的な規定があった。今日で言えば生活保護法、行旅病人及行旅死亡人取扱法、災害救助法の規定といえよう。

第二項　鉄眼道光《てつげんどうこう》の思想と実践

江戸時代の二大社会事業家といわれるその一人に、鉄眼道光（寛永七（一六三〇）年〜天和二（一六八二）年）がいる。

その鉄眼道光は、江戸時代前期の黄檗宗《おうばくしゅう》の僧侶である。

明暦元（一六五五）年、長崎で隠元隆琦《いんげんりゅうき》の門に入り、木庵性瑫《もくあんしょうとう》に師事、大阪慈雲山瑞《しうんざんずい》龍寺《りゅうじ》を中興。『大蔵経《だいぞうきょう》』の翻訳を計画、全国から資材を集め、十余年の歳月を費して、この一大文化事業を天和元（一六八一）年、完成させた。これを黄檗版大蔵経あるいは鉄眼版という。

天和二（一六八二）年正月、江戸滞在中に畿内に於ける飢饉の惨状を知らされると、ただちに大阪に引き返し、自ら陣頭に立って万余の窮民救済活動に献身した。畿内の窮民救済に尽した。

鉄眼道光の思想と行動

鉄眼道光の思想と行動とは何か。

黄檗宗の宗風、教禅一致《きょうぜんいっち》は、経禅とも書き、経論を学ぶことと禅の修行の併修であった。

四十七歳の時、師、木庵性瑫から「講経《こうきょう》の僧」との印可を得た程、早くから講経に熱心であった。

『法華経《ほけきょう》』『楞厳経《りょうごんきょう》』『大乗起信論《だいじょうきしんろん》』など講経は、大蔵経開拓事業として、飢民救済の為の資金勧募にも有効であった。

鉄眼道光の民衆救済実践は、講経を通して広く人々に喜捨《きしゃ》を呼びかけ、救世大士と仰がれ、菩薩道実践の色が濃いとの評価がある。

慈悲心を旗印とする仏教の伝統が生き続けてきた民衆救済実践であり、見て見ぬふり、自分一人の悟りをよしとせぬ、民衆教化、窮民を救った衆生済度《しゅじょうさいど》の実践が、新興教団の鉄眼道光に見られることに注目したいと思う。

その黄檗宗《おうばくしゅう》は、禅宗の一派である。

本山は、京都府宇治市の黄檗山萬福寺《おうばくさんまんぷくじ》で、開山は隠元隆琦《いんげんりゅうき》である。

承応三（一六五四）年、明から長崎に渡来し、寛文元（一六六一）年萬福寺を開創した。臨済禅の系統に属するが、浄禅一致《じょうぜんいっち》、念仏禅の宗風をかかげ、伽藍《がらん》様式をはじめ、行儀、法式等はすべて、明の風習を伝え、日本臨済宗と一線を画した。

萬福寺二世、木庵性瑫《もくあんしょうとう》は、江戸白金瑞聖寺《ずいしょうじ》によって、関東に教線を広め、その門下に、鉄牛道機《てつぎゅうどうき》、潮音道海《ちょうおんどうかい》、即非如一《そくひにょいつ》、黄檗版一切経を刊行した鉄眼道光らを育てた。

三世慧林性機《えりんしょうき》、四世独湛性瑩《どくたんしょうけい》の時、衰微したが、元禄五（一六九二）年、高泉性潡《こうせんしょうとん》が五世になると、宮中に参じ、将軍徳川綱吉《とくがわつなよし》に謁し、禅要を説くなど宗風宣揚に努め、中興の祖と仰がれた。

住持（住職）は、十三世紀まで中国僧であった。

以降は、日本僧で現在二十二世。末寺は五十一カ国、八九七寺ある。明治七（一八七四）年、政府方針で臨済宗に統合されたが、一八七七年、再び独立をし、大正十一（一九二二）年には、末寺四七七寺、黄檗僧による余技の水墨画等が知られている。

鉄眼の行実　関西での鉄眼の救済活動

鉄眼は、延寶二年大阪で大洪水のために多くの死者をだした時も、一生の心願である一《いっ》切蔵經翻刻《さいぞうきょうほんこく》の費用を投げ出したといわれる。天和二年春の飢饉には、一切經を将軍に献ずるために江戸に上り、その報を聞くや直ちに大阪瑞龍寺《ずいりゅうじ》に帰山して飢民救済に努めた。山崎半左衛門に宛てた書状には、二月十三日には、二千人程、十四日には六千人程、十五日よりは一万人餘の飢民に對して一日十錢を与へ、二十一日に至つては最早力及ばず、米一合をちり紙の厚きものにつつんで与え、初めは二十俵であったが、後には飢民の押し寄せる者が多く、遂に十六日の朝には鉄眼の留守の間に六人の餓死者を出す迄になった。

このような状況を見るにつけ、救恤の資財として半左衛門に二百両を、喜右衛門に百両を各々融通せんこと求むなど、ひたすらその資財の捻出に苦慮した。救済の範囲も大阪のみに限らず、京都まで手を延ばさんとした。この鉄眼の飢民救助の事蹟は一切經翻刻の事業と共に当時の人心、後の世の人に対しても常に刺戟《しげき》を与えた。

病者に薬湯を与え、棄子に遭えば人に託して乳養させ、途上囚人に遭えばその放免に努めるなど、徳川時代を通じて最も偉大な社会事業僧の一人であった。

第三項　江戸時代　信仰と救済実践に生きた人たち

鉄牛《てつぎゅう》

万治六年、下総椿沼の開墾に努力した鉄牛（一六二八〜一七〇〇）も黄檗宗の出であった。元禄二年には、新田八万石の開墾を成し遂げた。その間十二年を要した。享保十七、十八年は、関西及び九州はもとより殆ど全国的に飢饉に襲われ、幕府並に諸侯は種々の方法を用いて飢民の救助につくした。

偉大な業績を示したのは、鉄牛の下総椿沼の開墾事業である。椿沼新田の開墾は、古く寛永十六年、杉山三右衛門が之を企て幕府に出願したが許可がなく、白井治部右衛門も二十五年間絶えず出願し、寛文元年、幕府の大工棟梁辻内刑部左衛門と連名してまた出願すると、刑部は鉄牛と情を述べてそのとりなしを求め、鉄牛は、大法を弘むると民利を與すと共に衆生を濟ふに於ては一つであると、老中稲葉正則に告げて、遂に同八年、開墾の許可を得られた。刑部が病死し、女婿善衛門が上則を通じて幕府より六千両を補給せしめた。自らの武総の間を往来し、弟子の大通を沿岸を巡回させて住民の助力の勧誘。このために十五カ月の日々を費し、延宝二年茫々《ぼうぼう》たる沃田《よくでん》を得、その新田を安価にて人民に譲り、草莽の地三分の二の新田を住民に与え、大いに防貧の質を挙げることができた。住民等はこれ全く鉄牛の斡旋助力によるものであると、新田八萬石内に三寺三社《やしろ》を建ててその恩に報いるべき、長くこれを記念となした。

玄随

肥後八代の玄随は、二か月半の間鐘を鳴らして数千の飢民を招き、粟粥及び銭、穀を施し、来らざる者に対しては邑長《ゆうちょう》、村翁と議《はか》り陰かに銭、穀を運び与え、天明の飢饉にも江戸高田の教嚳が什器《じゅうき》を売却し、托鉢して救助の費用を作り、信濃神光寺の僧等も賑恤救療につとめた。天保の際は、京都の妙法院では連年、米数十斛を飢民に与え施した。

　これ等の事蹟は大飢饉及び大火の際における、世に最も著名な僧侶の事業の一端である。

　時代と共に、その活動も次第に微弱となった。幕末安政二年の江戸大震災に於いては、芝増上寺は二五〇両を支出してお救小屋の窮民に賑はし、上野寛永寺も山下にお救小屋を特設し、市中の大小の寺院も救恤に努め且つ炊出場及び仮小屋の設置がほとんど神社及び寺院であっただけに陰に陽にその収容者の取扱に関しては寺僧が之を與かったのである。

　これ等天変地異の最も甚しき時以外に於いても、慶長に良永、慶安に了性、日護、延宝に眞空が各々賑恤救済に励み、天和に是要、正徳に龍海、京都浄華院僧、東山一心院僧、文化に月僊《げっせん》が共に窮民を助けた。月僊の如きは、文化二年、千五百両、その利子を以て永く貧困者を救助することとし、宮川の橋普請、相の山の切り開きも独力でこれを行った。嘉永年間 聖護院《しょうごいん》、知恩院も賑恤につとめ、築地本願寺は、弘化二年、江戸大火に罹災者を救助する等相当の寄与を行った。当代の僧侶は、ひたすら為政者の鼻息を窺い、戸籍吏として保身の術を講ずるのが急であって、積極的に貧困者等をしてその貧苦より脱せしめんとする気力に乏しく、救貧事業は、之を為政者等に委して顧みぬようになった。

防貧

防貧方面に於いても幕府並に諸侯のなすところは、備荒《びこう》のためには官庫があり、藩庫があり、町村には社倉、郷蔵、義倉があり、常平倉も設けられ、糶糴《ちょうてき》米並にその廻米の方法も講ぜられた。食用米の節減、造酒の制限ないし禁止、製菓の制限、物価の調節、工賃の制限、帰農奨励、救済土木の実施、土地の開墾、副業など授産、遊民の処分、代用食の研究など防貧の方法もすこぶる多かった。

これらに比べて僧侶の行うところは微弱であった。沢庵《たくあん》は慶長の年、八村に橋を架け。妙信尼《みょうしんに》は、寛永の頃、郷里越中射水に私財を投じ橋梁をかけ、荒れた農地を開拓。如定《にょじょう》は、百橋を渡し、心譽《しんよ》も、江戸目黒河に架橋を作った。

霊巌《れいがん》は、寛永元年、海辺を埋めたてて島をつくり、禅海《ぜんかい》は、三十年間黙々と豊前国山の岸壁を開拓し、大隧道《だいずいどう》、即ち青《あお》の洞門《どうもん》を作って、人馬の転落溺れを避けしめた。牧庵《ぼくあん》も陸中閉伊川の絶壁に隧道を作った。

越前の大道も日本海に面する三里浜の防砂のために松の樹を植えると共に、鮎川より福井に至る七里の道路を開いた。

授産

日源は、慶長年間筑後國矢部川の清流の製紙に適するを知って、郷里越前より俗の弟三人を呼び寄せて所謂溝口紙《みぞのくちかみ》を漉《す》き、遂に九州製紙の基を固め、人々を利した。

良悦《りょうえつ》は、仙台藩に杉を植え、封内各地に樹芸所を設置、明和の頃、日辰《にっしん》は、植込十徳を草して信徒並に来賓者に頒つと共に、甲斐身延に大植林事業を企てた。

誓真《せいしん》も宮島が地狭く、しかも人口が多く住民が生計に苦しむを見て、山中の竹木を用いて器具を作るべきを奨め、飲水の不足には、資材を得て井戸を十カ所掘り、道路つくり等に努めた。

開墾

開墾の方面では鉄牛の他、美濃の圓空《えんくう》は、前代より当代の初期にかけて蝦夷地に渡って布教をなすと共に開拓につとめ、今釈迦の名を得た。

幕末には真宗西本願寺は但馬、加賀、能登の農夫三百七十四名を蝦夷地に送り、東本願寺も亦越前の門徒の人々数十戸を移住、開墾させて、一つは布教線の拡大を計り、又、貧困者の救済に資した。土木開墾と授産の方面に幾分寄与することができた。

疾病

疾病方面に於いては、幕府、諸侯が施設する者が多く、伝染病流行には、医薬を施し或は処方を諭示《ゆし》し、時には貧病者に米銭を給与し、また小石川療養所を初め施療所を設置した。

行旅商人のためにはその保護規定を設け、盲人等に対しても保護をなし、疾病予防の為の心得を示し、塵埃《じんあい》の処置、下水にも留意した。

僧侶は施薬、諸寺には薬を秘蔵し、病者を治療した。

教化

教化方面に於ける僧侶の活動は花々しく、貧困、疾病、犯罪等の方面で常に為政者の後塵を拝するのに過ぎなかったのとは全く趣を異にした。

　幕府、諸侯若しくは儒者等によって昌平黌《しょうへいこう》を始め徽典館《きてんかん》、明新館、日光学問所、深川学問所、藩学、郷学、漢学私塾等が開設され、ここでは主として武士の子弟が教育された。これに対して所謂、農工商の庶民の子弟は、ほとんど寺子屋教育を受け、時には石門心学《せきもんしんがく》の徒からも教化された。固《もと》より寺子屋教育といっても決して僧侶のみの行ったものではなく、神官は勿論のこと、浪人の武士、町人、医師等で之にかかわる者も相当に多かった。

　幕末に近づくにつれ武士の寺子屋を開くものが増加したのではあるが、当代の初期は勿論のこと、全期を通じて僧侶の経営するものが首位であり、村落に於いてはほとんど寺院僧侶の手を煩はした。寺子屋教育にかかわる僧侶もその土地の寺院僧侶のみでなく、時には所謂、旅僧の場合もあった。当時の僧侶はこの寺子屋を通じて児童に深き教化を与え得た。寺子屋の教科目は、処により、同じではないが、大体、習字、読書、珠算、修身、謡《よう》曲《きょく》、礼法、手工、茶道、生花、詩歌、地理、農業、絵画、裁縫、武術等であり、習字、読方、珠算がその基礎科目であった。習字手本の如きは判明せるもののみにても、七三〇余種に及んでいるが、『いろは歌』『庭訓往来《ていきんおうらい》』など僧侶の手に成ったものが首位を占め、読方の教科書また六五〇余種あった。『実語教《じつごきょう》』の使用、最も多く、『庭訓往来』『童子教《どうじきょう》』も盛んに用いられ、教科書の代表的なものは多く当時の僧侶並びにそれ以前の僧侶の作であった。従って児童等に仏教的感化を及ぼし得たと共に正司考祺《しょうじこうき》等から教科書等の改良が叫ばれ、中井竹山《なかいちくざん》等より寺屋、寺子、寺入の呼称廃止が提案される程であった。

児童に対すると共に成人たる庶民の教化についても僧侶の寄与は決して少なくなかった。京都誓願寺《せいがんじ》の策伝《さくでん》は元和元年頃、所司代板倉重宗《いたくらしげむね》の請にまかせて『醒睡笑《せいすいしょう》』を編し、内に教訓を含ましたのが、のちに落語家の祖と仰がれ、沢庵は『玲瓏随筆《れいろうずいひつ》』を、鈴木正三《すずきしょうさん》は『萬民徳用《ばんみんとくよう》』『麓草分《ふもとのくさわけ》』を、元政《げんせい》は『食医要編《しょくいようへん》』を、盤珪《ばんけい》は『芳野欲』を、紫笛道人《してきどうにん》は『孝の道』を、天桂《てんけい》は『渡世の船唄』を、慈雲《じうん》は『人となる道』を、仰誓《ごうせい》は『妙好人伝《みょうこうにんでん》』を、法恩は『いろは心』を、信暁は『白擢粉引歌』を、辦瑞は『粉引歌』を作って時の人を裨益《ひえき》し、殊に白隠《はくいん》に至りては軽妙な筆致のうちに深き教訓を垂れて『夜船閑話《やせんかんな》』『寝惚けの目覚し』『大道ちょぼくれ』『施行の歌』『おたふ女郎粉引歌』『御代《みよ》の腹鼓《はらつづみ》』『遠羅天釜《おらてがま》』等を著わし、俗衆を教化し、当代に於ける禅界の龍象《りゅうぞう》たると共に庶民教化の方で影響を及ぼした點で他にその匹儔《ひっちゅう》を見なかった。文庫の方面では了翁の功績が燦然として輝いていた。

もともと文庫は紅葉山文庫《もみじやまぶんこ》を初め、幕府並びに諸侯が、藩校に付随して存在し、宮崎文庫、林崎文庫の如く、伊勢神宮に付随するものもあり、寺院等も相当の書庫を有していたが、非公開であった。

了翁は、大蔵経を購入して諸寺に納むべきことを発願し、まず寛文十年不忍池の中に地を築き、これと共に大蔵経は勿論のこと、その他の経典、儒《じゅ》、老荘《ろうそう》、百家《ひゃっか》の経史子集《けいししししゅう》、古今の群書《ぐんしょ》、医書、神書《しんしょ》、歌書《かしょ》、諸記録など悉くを書庫に収めかつその傍に閲覧者のために勧学寮《かんがくりょう》を附設せんとした。翌十二年、経蔵の成るや、別に横縦二間に二間の二階建ての屋舎を営み、四方に書棚を据え付けて四重とし、巨費を投じて群書をおさめたが、天和二年のかの大火のために池畔の売薬舗《ばいやくほ》に仮に蔵してあったものも全部を烏有《うゆう》（火事などで何もかも無くなった）に帰《き》した。

その数、実に一万四千余巻に達していた。了翁はこの不幸に屈することなく、既に上野山内の五十四間四面の地に、三間に五十八間のもの一棟、三間に五十間のもの三棟を作り、各棟に五十房を設け、貞享元年、更に増築をなすと共に、附属の文庫二間に三間のもの二棟を建て、三教《さんきょう》、九流《きゅうりゅう》、百家、和漢《わかん》、内外典《ないげてん》、本朝の神書歴史及び記録、歌書、草子《そうし》、演史、医道、軍書など三万余巻を収め、一台文庫とした。了翁は、この勧学寮に天台宗の学僧を初め好学の士を留め、随意に披読《ひどく》（書籍などを開いて読むこと）をせしめた計りでなく、進んで仏典のみならず儒典等についても講席《こうせき》を設け、大に披読者の研究を扶《たす》けしめた。儒医松田利菴の講義には、聴者二百余人に達し、勧学寮に止宿《ししゅく》する者、僧俗を合して六百余名に上るほど盛況を呈した。この上野の了翁文庫だけでも驚くべきものであったが、了翁は更に芝白金の瑞聖寺《ずいしょうじ》の山内にも同様、勧学寮を設け、蔵経以外内外の典籍《てんせき》五千余巻を備え付けた。

了翁は、独力諸事業を興し、仏教界のために大いに気を吐き、全体として沈滞していた当代の仏教を社会実践にて活気づけた。

なお、この時代に訓言等を書いた一枚刷り、小仏像等を施与《せよ》して教化の資に充てる者も多く、了翁、日辰等もこの方法を取り、大徳寺の大心義統《だいしんぎとう》の如きは、生涯書籍を諸人に施し、その数、六万二千三百五十一巻の多きに上つた。教化の方面に於いては立派に評価できた。

矯風《きょうふう》（悪い風習を正す）

矯風の方面に於ける僧侶の寄与は、主として堕胎及び嬰児圧殺の防止であった。当代に於いて最も顕著な弊風《へいふう》の一は堕胎及び嬰児圧殺であった。

この非行は前期にも相当存在した。

僧侶の中にも防止につとめた者が多かった。最も世に知られた者に、白河常宣寺《じょうせんじ》の住職某、仙北の慶念坊《きょうねんぼう》、土佐の智隆、備中備前方面の法道がある。白河常宣寺の住職は、藩主松田板定信の深く陰殺に憐み、名工谷文晁《たにぶんちょう》をして生児を圧殺せる者の血の池地獄に堕在《だざい》する図を書かせたものを持って村々を巡り、智隆は、富者に対して倫理の乱すべからざることを諭し、困窮者には金穀《きんこく》を与えて生児を鞠育《きくいく》せしめ、法道は、村邑《そんゆう》を巡りて非行の恐るべきことを説き、且つ血の池地獄に等しき額を神社仏閣等に掲げて罪の恐ろしさを示し、慶念坊《きょうねんぼう》は、他より漂然として来り、堕胎陰殺の風を知って痛くかなしみ、極力その防止につとめた。その教養を受けたものが頗る多かった。

鉄眼、鉄牛、了翁の事蹟は凛《りん》として輝いた。而してこれ等三僧は何れも黄檗宗の僧であった。

了翁に至っては決して他に資財を仰ぐことなく、独立独歩堂々として自己の抱懐《ほうかい》するところを行い、救貧に、防貧に、医療保護の方面に、はたまた教化の方面に大なる貢献があった。

第四項　了翁道覚《りょうおうどうかく》の思想と実践

関東に於ける了翁《りょうおう》の行動が注目される。

関東の了翁の行実

天和二年は関西では飢饉に苦しみ、死者が原野並に街に満ちた。江戸に於いては、業火に焼かれ焦土は無量の餓鬼道、八寒八熱叫喚《はっかんはちねつきょうかん》の地獄道を現出した。この時に当たり、了翁は、直ちに鳥目《ちょうもく》一千百二貫文を投げ出し、少なきは一二貫文、多きは十貫文を与えて、死者葬送の費用に充てしめ、或は遺族活命の資財たらしめた。その救恤《きゅうじゅつ》（貧者や難民を救う為恵む・救済）の資源は、布施もしくは他を勧誘して集めたものではなく、自ら創製した霊薬錦袋円《きんたんえん》の賽上金で全く独力によって得たものであった。

了翁は、悟道の障礙《しょうがい》たる男根を断った。而して傷を癒すべき霊薬の處方を観音より授けられ創製したのが「錦袋円」であって、この錦袋円の頒与《はんよ》で衆苦を除くと共に、藏經の購入費を得んとしたのである。了翁は江戸大火に救恤をなしたばかりでなく、宇治の大凶作にて餓死者に銭薬を施し、棄児の収容数十人に及び、古稀祝として観音の小銅像を三十万三千三百三十二体を施与して教化の縁とし、灌漑を通した。その他、了翁文庫、省行堂の設立、施薬等の行う事業は広範囲に渡った。

了翁道覚（一六三〇年～一七〇七年）は、不遇な幼少期を送った。

二歳で母を失い、貧困とあって養子に出されたが、養父母、義姉とも死別し、伯父伯母も失った。

十二歳の時、年季奉公に出された曹洞宗の龍泉寺《りゅうせんじ》で出家し、十四歳の時、平泉の中尊寺《ちゅうそんじ》を訪ね、一切経の散逸状況を目にし、蔵経の収集と『大般若経《だいはんにゃきょう》』六百巻の書写を発願した。

その後、諸山寺を遍歴し、修行を重ね、やがて隠元《いんげん》の下に参じる。

三十歳の時、人生を惑乱させる煩悩を断じる為、戒律を守るべく自ら男根を切断したのである。

その傷口の耐え難い痛みに苦しんでいたある日、夢のお告げによって、薬の処方の叡智を授けられ、切断の後遺症も癒えた。

了翁道覚は、この治療薬を霊薬「錦袋円《きんたんえん》」と命名し、薬を売って大蔵経納経の財源とすべく、寛永寺の不忍池畔に薬店を開き数年のうちに巨大な富を得る。

この財源をもとに、天海版『大蔵経』を購入し寛永寺に経堂を建立し、蔵経と共に和漢の典籍を収め、寛永寺に勧学寮を新築して三万余巻の佛書を収蔵した。

天台宗、真言宗、禅宗寺院に大蔵経を納めるという念願を成就した了翁道覚は、薬「錦袋円」四十二万人施与を発願、念願成就し「省行堂」と称する病僧の為の療病院を建立する等施薬医療にも慈悲心を示した。

了翁道覚は、罹災窮民の救済や、死者の埋葬供養を行い、聖武天皇《しょうむてんのう》皇后光明皇后《こうみょうこうごう》（七〇一年〜七六〇年）を思わせる棄児教育にも努めている。

了翁道覚の民衆救済の思いと実践行動は何であったのだろう。

一　生育と仏縁に基づく同悲共苦、人生の悲しみ、苦しみを同じくする者と共に生きる心があった。

二　発願の慈悲行による金剛な信仰心による自主性、意志と実行力。
三　仏恩に報ずる報恩行としての利他の実践。
四　薬店経営の収益による事業、その思想、心の展開と仏の加護による知恩、才覚に恵まれたことにあろう。

了翁は、霊夢によって得た錦袋円《きんたいえん》を創製して江戸不忍の池畔に店舗を設けて発売したばかりでなく、四十万余人に之を施す念願を発し、伊勢上野安養寺門前、京都泉涌寺《せんにゅうじ》、黄檗山萬福寺の門前に斉《ひと》しく施薬所を作って、伊勢神宮に参拝する者を初めとして往来の者に施し、十三年の日々を費して遂に初志を達成した。その後も施薬、高野山に上る途すがら携へた四千包みの薬を病者、旅宿、男女、児童、従僕等に恵み、殊に乞食並びに神宮の参拝者に対しては各一銭附して施した。一私人で大規模に施薬したものは徳川時代、否、その前後に於いてもあまり例を見ない。薬の売上金で、多方面にわたって、しかも大規模な社会救済を営んだものは古往今来《こおうこんらい》（昔から今まで）了翁の外ない。了翁はこの施薬のみならず、また宇治の萬福寺内に省行堂を設けて薬物医具の数を備え、病僧、一般の病者をも収容して療養させた。

なお、施薬療病で当代に於いて名ありし者に急西《きゅうさい》、良永《りょうえい》、聞証《もんしょう》、貞極《ていごく》などがいたが、急西は、道友より非僧非法非律と罵らるるも敢えて憶せず病者の為に魚を求め、貞極は、癩病者の保護につとめた。都市、地方に於いても医師が所在した。病者はその手を煩はした事も多かった。僧侶もまた陰に陽にその短を補いつつも保護につくし、為政者と医師と僧侶の三者が相共にこの方面に力を用いた観があった。

第五項　無能と捨世派の僧侶たち

無能守一《むのうしゅいつ》（一六八三年～一七一九年）は、二十七歳の時、「非人法師の身」となろうと決意して、以来一所不住の念仏聖として念仏一行に励み、奥羽二州の各地を巡教して幾多の民衆に念仏を勧めた。その信仰、行動の軌跡には、主体的実践の倫理として、救済対象の平等の人間観を提起するものであろう。

自らを誡めるために祈請した七十二件の「制誡」のなかには、

「独り貧賤に甘んじて、宦福を望むこと莫れ」と、名利否定に徹している。

「慈悲心に住して、悪人を憎むこと莫れ。内に仏性を観じて、下賤を軽んずること莫れ」と、平等観、慈悲に住することを誓っている。

無能の教化活動は、正客として、「乞食」「非人」「癩者」「遊女」など、社会から蔑視され、差別された階層や人々、すなわち慈善ないし救済の対象とされるべき人々を見逃すことがなかった。病苦に悩む民衆の願いに応え、かつ生類愛護にまで及んだ。

捨世派《しゃせいは》は、十六世紀後半から江戸時代を通じて登場する、官寺を離れた隠遁的専修念仏者の一派を指す。かれらは、頽廃した当時の僧風に憤りを感じ、ひたすら宗祖法然への回帰を志向して、信仰教化活動を展開した。

無能は代表的な一人である。彼らにあっては、布教・教化と利他的救済活動に努めた僧が少なくない。

天和（一六八一年〜一六八三年）の大飢饉の折、京都にあった厭求《えんぐ》（一六三四年〜一七一五年）は、その惨状を黙視しがたく、「別時念仏を修して餓死の亡霊を弔い、また自身の衣服を脱ぎ日用の調度をも米銭に代えて日々餓者に施行」した。施財が尽きると、「手ずから一鉢を持して市中に入り行乞して餓者を救う」。

これに心動かされた諸人が金銀米銭を送ったという。またこのような厭求の姿に接して巷の人々は「大いなるかな法施《ほうせ》財施《ざいせ》、普く現当二世を救済す。実に大悲薩埵《だいひさつた》（多くの人々の苦しみを救おうとする菩薩）なり」と讃歎した。

無能に傾倒した関通《かんつう》（一六九二年〜一七七〇年）は、みずから記した「化他発願文《けたほつがんもん》」にて、その布教・教化の志を「上達利智高貴福徳」等のいわゆる上層の人に振り向けるのではなくして、「貧窮孤独田夫下賤重障愚癡弊悪鈍根」等の下層の人を先とすることこそ本意であるとし、自分の慈悲心が際限なく常に人々と共にあることを忘れない、とその決意を述べている。

関通の教化（宗教的救済）対象への密着の姿勢と、その対象が同時に社会的救済対象ともなるべき階層に置かれているということを示す。

関通の行業に目を向けてみると、「資糧しばしば乏しき時も、志操かつて変ぜず、一鉢《いっぱつ》一草《いっそう》も檀信を募ることなく、日々随従の衆とともに村里に分衛《ぶんえ》して、清浄に自活せらる。食もし余長ある時は、その村の小児または貧窮の者も招きあつめこれを食せしめ、食後にはかならず線香一炷《いっしゅ》ずつ念仏を唱えさせ、おわりには因果のおそるべき謂、念仏のありがたきこと、世の無常なることわりなど、実を尽しいと慇懃《いんぎん》に説聞せらるること常なり」と、教化の延長線上に民衆救済実践があり、民衆救済の延長線上に教化があった。

法道と妙有

大津市に西教寺《さいきょうじ》を本山とする天台系教団に真盛《しんせい》〈一四四三年～一四九五年〉を宗祖とする天台真盛宗《てんだいしんせいしゅう》がある。

江戸時代には「天台律宗」「真盛派（流）」と称され、東叡山寛永寺の末寺に属していた。この天台律宗は、江戸後期の文政から天保期にかけて、宗門復興運動ともいうべき動きをみせるが、その際「本願念仏」に立脚し教学の大成者として中心的役割を果たしたのが、法道《ほうどう》（一七八七年～一八三九年）である。

法道は、伊勢国一志郡木造引接寺《いせこくいちしぐんこつくりいんじょうじ》に住し、同国及び近江を舞台として、精力的に民衆教化に努めている。晩年の天保大飢饉下における施行の勧説とその実践には目を見張らせるものがあろう。

天保七（一八三六）年十二月、近江の信者たちに宛てた書面には、

「なるたけ奢を停止候て、餓人へ施し申すべきようあい心得たく候。日々粉糠の団子を

食用し露命を繋ぐ者多し。それへいささかの米を施せば、大歓喜を生じ家内踊躍すべし。しかれば施しを先にして奢を停止つかまつりたく候」などと、繰り返し質素倹約に努め、飢民への施行をなすよう勧説している。そして、現世に「乞食」に身をやつしている者は、前世に施与を行わなかった報いだとし、施行の実践者こそ「三宝の加力あるべき人」だと讃歎している。

法道の施行論の特徴は、念仏の信心以前の施行と以後の施行を分けている。法道は、真実の施行の限界を指摘し、結局、布施という自力の行為によっては迷いを離れることができない。阿弥陀如来の本願他力による救いを深く信じて念仏せよ、そして、その信心を得たのち、改めて「因果」（善因善果《ぜんいんぜんか》、悪因悪果《あくいんあっか》）を信じ、真実の施行をなすように、と勧めた。法道は、諸人に施行を勧説する一方、自らも施行を実践し、他者の施行にも随喜《ずいき》協力《きょうりょく》している。

法道には、松阪来迎寺《らいごうじ》の妙有《みょうう》（一七八一年〜一八五四年）と津西来寺《さいらいじ》の真阿《しんあ》（一七八五年〜一八五九年）という二人の法友がいた

この三人は「伊勢の三哲」と讃えられるほどの同地方を代表する仏教者であった。

三者三様に飢民の救済にも尽力した。

妙有は、天保七年から翌八年にかけての半年余間に、伊勢の松阪と山田で十八万人余にも及ぶ数の施行《せぎょう》（人に物を施し与える修行・行法）を成し遂げ、世人をして「鉄眼の再来」と言わしめた。

第六項　江戸仏教の評価・特色

前期　黄檗宗の禅僧二人

　　鉄眼　了翁

中期

　a　浄土宗捨世派の念仏聖　関通《かんつう》和尚（一六九六〜一七七〇）

　　法然上人の専修専念への帰還を旗印に展開

　b　貞極《ていごく》（一六七七年〜一七五六年）

　　菩薩道としての布施と念仏の関係に心を用いた。

後期

c　法道《ほうどう》（一七八一～一八五四）

教化と窮民への施与を勧めた

等がある。

近世江戸仏教に対する評価

一　封建仏教

一　形式仏教

一　堕落仏教　江戸仏教堕落論などで表現される。

近世仏教思想が、庶民との接触によって形成されてゆき、檀家制を基盤とし、各宗派で庶民への接近、教化が積極化し、庶民の教学理解、内面的信仰が進められてゆく。民衆救済実践の諸相が明らかにされる。このことは、近世仏教を知る重要な要素として見逃せない。

歴史学的な面からは「大乗《だいじょう》非仏説《ひぶっせつ》」が登場する。

大乗仏教は直接、釈尊が説いたものではない。

富永仲基《とみながなかもと》（一七一五年〜四六年）の非仏説論『出定後語《しゅつじょうこうご》』『翁の文《おきなのふみ》』が仏教批判として本居宣長《もとおりのりなが》、平田篤胤《ひらたあつたね》らに影響を与えた。

仲基の考え方が明治以降、姉崎正治《あねさきまさはる》『佛教聖典史論』、村上専精《むらかみせんしょう》の『仏教統一論』『大乗仏説論批判』等に踏襲された。

復古国学の仏教批判は、須弥山《しゅみせん》否定と大乗非仏説であった。

当時、須弥山説と大乗仏説論の擁護に活躍していた浄土宗了蓮寺文雄《りょうれんじもんのう》の所説を否定した。

廃仏論によって生み出された仏教側の擁護論的仏教思想こそ近世仏教の最も豊かな果実になった。

幕末の護法思想は、多くの実践的な政治活動に投じた、いわゆる勤王僧たちにより醸成《じょうせい》されていったことを見逃せない。勤王僧としては、西郷隆盛と鹿児島湾に身を投じて死んだ法相宗京都清水寺の月照《げっしょう》（一八一三年〜五八年）、弟の信海《しんかい》（一八二一年〜五九年）、真宗西本願寺派月性《げっしょう》（一八一七年〜五八年）、同超然《ちょうねん》（一七九三年〜一八六八年）、同默《もく》霖《りん》（一八二四年〜九七年）、同鉄然《てつねん》（一八三四年〜一九〇二年）、東本願寺の理準《りじゅん》（一七九六年〜一八八一年)、臨済宗晦巌道廓《まいがんどうかく》(一七九八年〜一八七二年)、曹洞宗物外不遷《もつがいふせん》(一七九五年〜一八六七年)、天台宗慈隆《じりゅう》(一八一五年〜七二)、浄土宗琳瑞《りんずい》(一八三〇年〜六七年)などが知られている。

護法論の主なものは、月性《げっしょう》の『仏法護国論』、真宗西本願寺派覚応(一七九三年〜一八五六年)の『護国扶宗論』、同南渓《なんけい》の『深慨十律』、同宗興の『大蔵輔国集』、東本願寺霊遊の『護法策進』、同竜温の『急策文』、同義導の『利剣護国編』、須弥山説擁護派の徳鳳の『護法小策』や、真宗専修寺円祥(一七八八年〜一八三七年)の『宣教護国論』、真言宗道契の『保国篇』『続保国篇』などがあろう。幕末の御法論書で、護国論を説かないものはなかった。

近世江戸仏教の特色

一　近世仏教が果たした葬祭仏教としての機能

祭礼仏教、葬式仏教として民衆の葬式、墓石建立、先祖の法要等の宗教儀礼が国民の全階層まで定着した。

寺檀制度《じだんせいど》と寺請制度《てらうけせいど》により、自己の宗旨と檀那寺《だんなでら》をもっていた。

葬送儀礼は、檀那寺の不断の緊縛《きんばく》のもとで行われた。

僧侶は、葬式、追善供養《ついぜんくよう》の執行が最も大きな仕事だった。

過去帳が寺に安置され、寺檀制の定着がはかられた。

檀家に檀那寺の修理営繕費、本山への上納金、末寺負担分、盆、彼岸、正月、歳末の付け届け等、民衆は逃げることのできない葬式仏教、法要仏教であった。それが庶民を支える心の糧となった。

僧侶は、寺院に止住《しじゅう》が強制された。中世で見られた、遁世僧《とんせいそう》（聖《ひじり》）や廻国聖《かいこくひじり》等の活躍は幕法、藩法で禁止、制限された。
二　幕府は教説の異議、異端、新義の解釈を厳しく禁じた。
民衆の「世直し」的な反権力の闘争に結びつくような教義解釈、教義の創造的発展は、近世仏教史上から消えた。
三　近世幕藩権力は、宗門に対し勉学を要求した。
江戸時代、幕府は、学問修行に専念することを奨励した。学問奨励の為、寺領、金子を支給し、幕府主催の論議を催し、将軍自ら傍聴し、学僧を研究の為、他の地方へ遊学させ、学問奨励の方法を講じている。

各宗教義の研究、布教よりも修学が重視され、信愛より「学解の仏教」への価値転換を行ったかのような情勢を宗門内部で形成、近世宗学の勃興という現象を生み出した。各宗の近世的教説が打ち出されてくる。

専修念仏諸宗の信仰は、近世庶民社会の宗派別信仰では圧倒的多数を占めていた。弥陀本願への絶対憑依《ひょうい》の「信」、信心為本《しんじんいほん》を救済の基調とした。救済とは、信徒個々人の内面に確立する安心立命という精神的やすらぎの境地である。

真宗における「妙好人」は、篤信者の行跡であった。

四　後世より現実の生活を重視する現世主義《げんせしゅぎ》、現世利益《げんぜりやく》、病気平癒、家内安全、商売繁盛、火災除去、人々の日常生活に直結する種々の利益の強張が、近世仏教の大きな特色といえるだろう。

五　男女の群参《ぐんさん》で賑わう寺院

寺請制度、寺檀制度によって、当時、住民すべてが檀那寺をもち、仏教徒であった。

交通路の整備と庶民生活の向上により、下層の庶民迄、聖地、霊仏への巡拝《じゅんぱい》旅行を可能にした。寺檀制度の檀家の枠を超えて近隣国から信徒の群参で寺院は賑わった。現世利益による「安心」が確立され、大きな心の糧となった。

第七項　江戸期の真宗信仰

寺檀関係

江戸の初期の村持ちの道場として生まれたものがやがて寺として自立していく。村の家々と寺と檀家の関係を結んでいかねばならない。寺の維持に責任を持つ檀家として把握されることになり、江戸時代の初めに実にたくさんの道場が寺になった。

寺檀関係の形成は、寺の要求であり、門徒側の要求であり、啐啄同時《そったくどうじ》、両者が相応することであった。

寺檀関係は、権力が押しつけたもの。明治維新により徳川幕府が崩壊し、キリシタン改めの寺檀制度は解体しても、寺檀関係は民衆の要求がある限り、崩れず存続していく。

寺檀関係は、根強い力をもって、教団の基盤として江戸時代のその思想、信仰となって民衆仏教の形成となっていく。

一向一揆は、農民と結びついて、前近代社会を解体に導き、そこから近代が出現する。
日本の近世は、一向一揆が敗北し、新しい宗教的生命力を失ってしまう。一向一揆の敗北は受け継ぐべく伝統を形成することできなかったのではなく、念仏の継承として信仰が受けつがれていく。

「仏法領《ぶっぽうりょう》」と蓮如上人は語ったが、封建領主の領土でなく仏法領である。

「それ当流というは仏法領なり」蓮如。

人々が、仏法の支配下にあることを意味する。

真宗という宗派は、仏法によって生きる人々の集まりである。

人々が「南無阿弥陀仏に身をばまるめたる」に当たる。(『蓮如上人御一代記聞書』一〇一条)

田地を仏法領という人間の在り方が真宗門徒である。

世間的な領土の在り方と異なった様相を見せる。

「仏法領」は、蓮如上人の語った言葉であるが、江戸時代初期まで或いは今日まで仏法と人々の関係における土地の在り方を示すものとして生き延びていた。

真宗門徒の世界観であると言えるのではないか。

如来さまより賜りたる信心、如来招喚の勅命、真宗は如来からの呼びかけによって成り立ち、浅ましき私と気づかされて弥陀の本願力廻向を喜び、報恩謝徳の念仏生活を送る。

妙好人《みょうこうにん》たちは、如来からの呼びかけを受けて、真実に目覚めていく江戸の真宗信仰であった。

江戸時代

徳川家康が、実権を掌握、江戸を拠点とする武家政治であった。十五代将軍徳川慶喜《とくがわよしのぶ》まで二六五年、江戸幕府の幕藩体制が続いた。

一　**寺請制度《てらうけせいど》**　異国の神を信じ、秩序を乱すキリスト教徒を弾圧。キリスト教をやめた者たちの「身分証明書」（寺請証文《てらうけしょうもん》）が日本人全員に義務づけられた。

二　**檀家制度の導入**　檀家の葬儀、法事、葬祭儀礼を必ず行う菩提寺、寺請け制度が形成され、多くの檀那寺《だんなでら》の建立により、民衆は仏教徒になった。

三　寺院は公共性をそなえた

（一）寺院は公共性をそなえ、教育、娯楽、人々の精神的ケアまで、総合的文化センターの役割を担った。

（二）駆《か》け込《こ》み寺《でら》。困っている女性たちのシェルターの機能。

（三）浅草寺《せんそうじ》や信州《しんしゅう》善光寺《ぜんこうじ》など著名な観光寺院も篤い信仰をあつめた。

（四）出版文化の隆盛。学究的な僧侶による経典等の研究が進展。仏教をめぐる学問が活性化。多くの仏教書籍が出版され、多大な力を及ぼした。

第八項　江戸時代　僧侶の救済活動はいかがであったか

一言で言って、盛んとは言えない活動状況であった。

飢饉と天災

わが国は自然災害が多く、その被害も大なるものがある。

霖雨《りんう》、冷害、大地震、火山噴火、大風、旱魃、落雷、虫害など古代より現代まで天災は多くの被害をもたらした。

江戸時代、享保、天明、天保の三大飢饉が歴史上有名である。

享保の大飢饉

享保十七（一七三二）年、瀬戸内海沿岸を中心に蝗《いなご》の大群が発生し、畿内、中国、四国、九州の西国の諸地域を襲い、稲作に大被害をもたらした。これを「享保の大飢饉」と呼んでいる。

一夜のうちに稲数万石を喰いつくした。幕府の調査によると被害者数は、百九十九万二千七十二人にものぼり、このうち一万二千七十二人が餓死、牛馬の損害も一万四千二百三十九頭にも及ぶ災害であった。

米価は高騰し、全国的影響も大きく、江戸の米問屋が打ちこわしにあうなど不安は拡がる一方で、米の隠匿を禁じたりした。例をみない大規模な蝗害に幕府の財政に危機を生じるようにもなった。翌年、翌々年と豊作になり危機を乗りこえることができた。

天明の大飢饉

天明二（一七八二）年から天明八（一七八八）年に起きた大飢饉。天明三年、浅間山噴火による冷害により、奥州地方は多くの餓死者を出し、この為、各地に一揆、打ちこわしが起き、幕府諸藩の支配は危機に陥った。

天明八（一七八八）年の京都の大火は、皇居の罹災、焼失家屋十八万の災害であった。

天保の大飢饉

天保四（一八三三）年〜天保七（一八三六）年には、全国的な飢饉が起きた。米価が狂騰し、餓死する者が多く、幕府の救済した人は前後七十万人に及び、一揆、打ちこわしが発生し、幕藩体制の危機が激化した。

天和の大飢饉（江戸前期　一六八一年〜八四年）

天和の飢饉も入れて四大飢饉とも言う。

長崎の僧、千獃《せんがい》は、五尺五寸、重さ二九六五斤の鍋を用い、延宝三（一六七六）年五月から九月迄、施粥をなし民衆救済を行った。

慈岳も同地にて粥を施与。

京都においても紫野大徳寺の宗惣は、和泉の南宗寺で檀家を誘い、施餓鬼会《せがきえ》を行い、命をつなぐ者、一日五十人、百五十日に及んだ。

大雲院の高譽も四十九日間、二十六万六千二十九人に十二銭を恵み、飢民の救助に努め、摂津等まで施粥をなす等、心ある僧侶は、この方面に救済実践を行った。

明暦《めいれき》の大火《たいか》

明暦三（一六五七）正月十八日から二十日は、江戸市街の大部分を焼き払った大火事。焼失した町、八百町。死者十余万。

本郷丸山の本妙寺で、施餓鬼に焼いた振袖が空中に舞い上がり、大火の原因になったと言われ「振袖火事」と称された。

火災後、本所に回向院を建て、死者の霊を祀った。

安政《あんせい》の大地震《だいじしん》

安政元年二月四日、東海道大地震が起きた。震源地は、遠州灘、マグニチュード八・四。死者は六百人。同年十一月五日、南海道大地震、土佐沖が起きた。マグニチュード八・四、死者三千人。

安政三年十月二日、江戸大地震。震源地は江戸川下流、マグニチュード六・九、死者一万余人。

非人は、江戸幕府体制下、えたと共に四民の下におかれた。最下層の身分の差別された人たちであるが、いやしい身分の人、極貧の人や乞食を非人という。非人乞食に対し、大災害時、臨時的施設を設置、思いやりを示した。

第九項　江戸の民衆仏教信仰

唯信論

江戸初期に大きな影響力を持っていた『安心決定鈔』は、真宗の異安心、異端の信仰問題が見られぬお聖教であるが「往生正覚同時」という信仰であった。

弥陀の正覚は十劫《じっこう》の昔であり、すべての人々は生まれながらにして往生成仏が定まっている。

だから、弥陀を念ずることも、念仏を称えることもいらない。生まれながらにして救われている。

気づくだけでよい、という無帰命安心といわれる信仰であり、江戸初期の仏教唯信論であった。

妙好人は「助けたまえ」と頼む姿勢ではなく、気がついたら救われていた。ただその御恩を報謝するのみという信心の在り方を、反三業派の仰誓と誓鎧という子弟は、心の主体性から全人間的な救済願望、人間を超えた絶対者、阿弥陀仏への全的帰依、法の深信としての立場をあらわしている。

弥陀の本願によびかけられ、気がついたら救われていたという主体形成、自由な境地に明治の妙好人たちは生きたのではなかったか。

鈴木大拙《すずきだいせつ》（一八七〇年～一九六六年）に見出された浅原才市《あさはらさいいち》がその代表といえる。

無帰命安心というのは、すべての人間は、救われているという考え方である。

あさましい人間をそのまま助けてやる、とおっしゃったのが仏さまの本願、そのままで、必ず救われて、日頃の生活のままでいいんだ、気づいていたら救われていた。このような生活と一枚の宗教という考え方が江戸時代の真宗学であり、そのありがたさが信心の典型として今日迄受け継がれていると言えるであろう。

教学論争三業帰命説《さんごうきみょう》
三業惑乱事件《さんごうわくらん》

衆生が救われる為には身、口、意の三業に帰命の心をあらわして仏に向って助けたまえと願い求めなければならぬ。身に合掌、口に念仏、意に助けたまえと頼む。意《こころ》と体との合体で弥陀を頼むという学説が西本願寺で提唱された。三業帰命説は結果敗退する。三業帰命説に反対した在野の宗学者、『妙好人伝《みょうこうにん》』の編者として有名な仰誓《ごうせい》は、三業帰命説の先頭に立った。

帰命のすがたを表わしたこともない。気がついたら救われていた、という信仰を称賛した。

江戸時代、真宗本派の宗論、三業惑乱が起こった。三業帰命とも言う。弥陀信仰の密教的理解であり、宗義から邪法と見なされ、幕府は一八〇五年（文化二年）、智洞《ちどう》を処罰した。

智洞は、「本願を信ずる心より、極楽往生を願う心を主とし、心のみならず、形（身）の上でも礼拝し、口で唱えるべき」と主張した。

東本願寺も宗学の発達と共に異説異義を唱える者があったが、すべて異端邪法と幕府は干渉、関係者を処罰した。

宗学研究の中心　教育機関檀林《だんりん》

江戸初期になると、日蓮宗は、関東八檀林、京都六檀林、浄土宗は、江戸五檀林、田舎十三檀林のあわせて関東十八檀林その他の教育機関を設けた。天台宗も真言宗も浄土宗の刺戟を受けて関東十檀林をつくった。教育機関として比叡山、高野山をはじめ臨済宗の京都・鎌倉の各五山、曹洞宗の永平・総持両寺、真言宗の長谷寺《はせでら》・智積院《ちしゃくいん》、真宗の東西本願寺・専修寺・仏光寺《ぶっこうじ》、黄梁宗の万福寺などがあった。

在学年数、学生数もそれぞれであるが、智積院は、元禄・享保の頃には学徒二千と称せられ、東本願寺高倉学寮では、天保九（一八三八）年に一八四七人という記録が残っている。

わが国の教育機関の最初は寺院であった。

庶民教育の担い手は仏者であった。江戸時代になると、仏者の他に村の有識者階級である医師、神主、武家などが教師となって村童を教えた。生徒を寺子といい、入学を寺入り、学校を寺小屋、略して寺屋などというのも、もとは寺院が学校であった名残りである。

寺小屋の師匠を、関東では手習師匠とよんだ。江戸中期には全国で一万五千の寺小屋があった。教科書は『実語教《じつごきょう》』『童子教《どうじきょう》』などのような仏教的なものから『商売往来《しょうばいおうらい》』『庭訓往来《ていきんおうらい》』などの往来物《おうらいもの》、四書五経《ししょごきょう》などの儒典、国文の古典など広範囲にわたり、いわゆる「読み、書き、そろばん」の教育である。明治の文明開化によって一挙に近代化が始まったのも、江戸時代からの普通教育の普及によるものである。

第三章　近代明治維新について

第一節　明治の世

明治維新の起点については、

a　天保期（一八三〇年〜四〇年）前半とする説

b　ペリー来航・開港（一八五三年〜五九年）説がある。

終了点については、廃藩置県（一八七一年）、西南戦争（一八七七年）、秩父事件（一八八四年）、憲法発布・国会開設（一八八九年〜九〇年）等の説がある。

幕藩体制の変革、近代化への脱皮

b　ペリー来航

欧米列強による開港、圧迫が加速し、インド、中国、アジア諸国の植民地化により、最後に残った日本を世界資本主義の市場、政治体制に組み入れる為、一八五三年、ペリーが来航、軍事的圧力のもと開国を迫った。不平等条約による開国、この条約をめぐり、政争は激化。ナショナリズムが次第に幕藩体制内在的変質改革へと向かい、近代化への急速な脱皮を遂行した。

幕藩体制の矛盾の増大

幕藩体制社会は、十八世紀中頃以降、農業相の分業、商業、資本、マニュファクチュアの発達により、農民層の分解、藩財政の破綻、矛盾を増大させ、天保期（一八三〇年〜四四年）一揆、打ちこわしが頻発、表面化した。

維新の主体勢力、人々の生活確保の為の一揆、打ちこわしである。

幕府の失政により、朝廷が政治的に活性化する可能性が顕在化していた。国学、儒学の発達は政治的正当性を浮上させる素地を形成していた。

尊攘論《そんじょうろん》

尊攘論、天皇を尊崇する思想。水戸学、平田国学等の影響で、江戸時代後期、天皇の権威を一層強調、反幕府の政治思想、尊皇論《そんのうろん》は、皇室尊崇、忠君、攘夷論《じょういろん》は、儒学による排外思想、外国人排撃、反幕府勢力、倒幕へと向かわせ、攘夷は愛国へと姿をかえ、近代天皇制国家の思想的柱となった。

倒幕派、公議政体論《こうぎせいたいろん》など民衆エネルギーを幕藩体制の変革、王政復古《おうせいふっこ》クーデターを演出、実権を掌握、集権化、近代化を推進した。

大日本帝国憲法、教育勅語《きょういくちょくご》、天皇制国家としての秩序、イデオロギーが確立され、王政復古として顕彰しようとする動きが教育界、アカデミズムに大きな支配力を行使した。

明治維新を、天皇制国家体制の出発点ととらえ直そうとする王政復古の動きが政府内に高まった。

一八六八年一月三日（慶応三年十二月九日）、明治維新による王政復古宣言が断行された。

明治新政府は、天皇を中心とした国民統合を達成しようと、その精神的基盤として、神道を国教化、国政と神道が一致した国家を構築する神道国教主義を進める。神仏判然令《しんぶつはんぜんれい》（神仏分離令）廃仏毀釈を導くことになる。

仏教が国民的レベルで受容されていた時代が終わり、尊皇思想や神道ナショナリズムが抬頭、寺院や仏像は廃寺や破壊の対象となっていく。

廃仏毀釈《はいぶつきしゃく》

明治元（一八六八）年。神仏分離令が出された。

仏法を廃し、釈尊の教えを棄却すること、これに伴い、神社と仏寺との間に争いが起こり、寺院、仏具、経文等の破壊運動が起った。

明治維新の廃仏毀釈である。この大事件に最も激しく抵抗したのが真宗門徒である。教団ではなく、真宗信仰に支えられた強靭な抵抗力、それが廃仏毀釈への抵抗の原点であった。

浄土往生、願生、浄土への強烈な願望、門徒の現生での人間存在としてのわれらの生命の行方《ゆくえ》、来世の救い、堅固な浄土信仰心がエネルギーの源泉であったと言える。

教部省《きょうぶしょう》三年で崩壊

明治五（一八七二）年、教部省設置。

神仏合同の教化活動、国民教化を担う教導職《きょうどうしょく》の任命。仏教側は、人材育成と教義研究の為、大教院《だいきょういん》を設置。神官と僧侶が合同で儀式を行う、神道の形式で行う。これに疑念を抱く浄土真宗の島地黙雷《しまじもくらい》の苛烈な批判運動により、三年で教部省は崩壊した。

寺請け制度の廃止

明治四（一八七一）年四月、政府指令により、氏子調《うじこしらべ》制度が開始され、新生児は、生まれた土地の神社の氏子として登録する新しい制度を導入、開始から約2カ月後、寺請制度は廃止された。氏子調も機能せず、二年で廃止となった。

僧侶身分の解体　内容　妻帯の解禁

明治五（一八七二）年四月、「自今僧侶肉食妻帯蓄髪等可為勝手事《じこんそうりょにくしょくさいたいちくはつなどたるべきかってのこと》」（明治政府太政官布告）。

僧侶の肉食と妻帯、坊主頭の維持解禁。

僧侶は国民と同一の身分となった。

僧侶は、寺院の管理、葬儀の執行の職業となった。

肉食妻帯、親鸞聖人は妻帯僧侶であり、問題はなかったが、反対をし、「戒律を守れ」と、浄土宗の福田行誡《ふくだぎょうかい》、真言宗の釈雲照《しゃくうんしょう》らは、政府に破戒僧《はかいそう》の取り締まり継続を求め、僧侶の堕落克服の為、戒律復興、肉食妻帯に抵抗した。

日蓮宗の田中智学《たなかちがく》は、戒律遵守の出家主義でなく、在家主義を基本思想とし、仏教を信ずる者は、結婚し、夫婦となり、家庭をもつことで、社会や国家に貢献できると仏前結婚式を提唱した。

近代化に相応しい仏教の在り方

日本仏教を改良していこう

（一）北海道開拓

（二）欧米視察新しい仏教学の確立

島地黙雷（一八三八年〜一九一一年）。

仏教が生きるか死ぬか。これを決定するの布教である。教えを説く行為こそが、仏教の核心である。政教分離の発想を日本にもたらした立役者の一人であった。

（一）北海道開拓事業に対し、東本願寺は熱心に協力、多くの資材を投じ、本州の門徒の二男、三男を開拓に移住、新政府に協力、有効性を示す好機となった。

（二）僧侶たちの欧米視察。

南条文雄《なんじょうぶんゆう》、笠原研寿《かさはらけんじゅ》が、イギリスのマックス・ミュラーのもとで近代的仏教研究の手法を学び、新しい仏教学を輸入した。

国民の布教教化を至上課題とする近代仏教の姿が見られる。

仏教を哲学として理解　井上円了《いのうええんりょう》

『仏教活論序論（本論）』において仏教を哲学的な視点から詳しく論じた。

真如の哲学、仏教を一貫する真如の理論は、現象は、栄華盛衰を繰り返し、変遷し、消滅する生死の世界である。真如の世界には変遷も消滅もない。差別の世界と無差別の真如の世界。仏教は二つの世界の表裏一体である。

真如の理論で大切なのは因果の法則である。

真如という月は、煩悩（欲望）の雲に覆われており、それゆえ人間は迷い悩む。この煩悩の雲を払い、真如の月をありのままに見ることができれば、それがすなわち即、悟りである、という理論であった。

明治という時代、明治国家の形成は日露戦争の勝利、国家目標の喪失、明治の青年の置かれた状況、彼らの心情は、日本の過去の失敗を反省し、古い日本との関係の近代化、近代日本の形成、新生日本の行くべき道、明治日本の開拓者の切り開いた道が見られる。

明治の教団仏教の大勢は、仏教国益をもって宗教活動を展開し、政府の富国強兵策に応じた。

明治十年代から二十年代にかけて各種の仏教結社が出来た。大内青巒《おおうちせいらん》の明教社、島地黙雷《しまじもくらい》の白蓮社、島地黙雷・赤松連城《あかまつれんじょう》の令知会、福田行誡《ふくだぎょうかい》らの能潤会、釈雲照《しゃくうんしょう》の目白十善会などがそれである。

また仏教の啓蒙雑誌としては明治七（一八七四）年の青巒の『明教新誌』、明治二十二

（一八八九）年の釈雲照の『十善宝窟』などがある。

明治二十三（一八九〇）年に教育勅語が発布になり、国民精神の振興、国民道徳の昂揚がさけばれた。

こうした明治政府の動きとともに明治二十年代初頭には国粋主義運動が起り、ナショナリズムの動向は、仏教界にも影響を及ぼしていった。そして、やがて、明治二十七、二十八（一八九四〜九五）年の日清戦争となったのであった。

在家仏教の勃興は、明治前期の仏教復興と国家主義の結合とによっておしすすめられた。代表的な人物に山岡鉄舟《やまおかてっしゅう》、鳥尾得庵《とりおとくあん》、三浦梧楼《みうらごろう》、河瀬秀治《かわせひでじ》、島田蕃根《しまだばんこん》、大内青巒らである。

鳥根蕃很は、明治十六（一八八三）年より『縮刷大蔵経』（全八五六二巻）の出版を行なった。

井上円了《いのうええんりょう》は、哲学会を創始、哲学館（現在の東洋大学）の創立者でもあり、学問的に仏教近代化の路線を敷いた。明治十九（一八八六）年の『真理金針』、明治二十（一八八七）年の『仏教活論』など、ひろく江湖《こうこ》に迎えられ、著述は一二二部を数える。『仏教活論』は西洋哲学と仏教とを対比した最初の著作として注目される。

三十年代から明治末期（一八九七年〜一九一二年）にかけては、仏教思想の近代化、近代信仰の確立期である。

近代信仰の確立では清沢満之《きよさわまんし》の精神主義運動が一段と光芒を放っている。満之は、東京本郷に浩々洞《こうこうどう》をおき、雑誌『精神界』を明治三十四（一九〇一）年に創刊した。明治三十六（一九〇三）年、満之は往生の素懐を遂げた。

親鸞の信仰によって近代人の苦悩にこたえたもので、信仰仏教を明治期において樹立した意義は大きい。

精神主義運動以降、近角常観《ちかずみじょうかん》は求道学舎を創立し、雑誌『求道』を発刊した。また伊《い》藤証信《とうしょうしん》の無我愛運動があり、明治三十八（一九〇五）年に、伊藤は無我苑を開き、雑誌『無我の愛』を創刊した。

マルクス経済学者として知られる河上肇《かわかみはじめ》も一時、入信した。伊藤はのちに幸徳秋水《こうとくしゅうすい》の大逆事件を弁護して投獄される。

明治三十二（一八九九）年に境野黄洋《さかいのこうよう》、高島米峰《たかしまべいほう》、杉村楚人冠《すぎむらそじんかん》らは仏教清徒同志会

（のちの新仏教徒同志会）をつくった。仏教を政治権力から分離し、護国即護法論、仏教国益論をまっこうから否定した。そして自由討究と個人の自由な近代的信仰の確立をめざした。明治三十三（一九〇〇）年に雑誌『新仏教』を創刊した。

西田幾多郎《にしだきたろう》は『善の研究』を著し、親友の鈴木大拙《すずきだいせつ》は英語による禅の世界的普及をはじめた。

第二節　明治期の仏教

第一項　明治初年の廃仏毀釈

明治維新を迎えたとき、日本仏教の歴史は仏教抹殺とも言うべき、大きな危機に直面する。

新政府は万民を統制する統制する精神的支柱を必要と考えたのであろう。

表向きは、神と仏を判然と切り分け、神仏習合を廃止し、実質には、国教的位置にあった仏教を滅亡させ、神道の国教化政策をおしすすめた。

王政復古、天皇制を復権し、神道国家、天皇中心国家という絶対主義政権の確立をめざした。

明治元（一八六八）年三月二十八日の「神仏分離令」発布によって、神仏混合が禁止された。

全国に廃仏の嵐が吹き、神社付属の神宮寺等の破却。神社に祀《まつ》られていた仏像、その他一切の什宝《じゅうほう》の破壊、焼却。神社に従事していた僧侶に還俗を迫り、葬式の神葬祭への切替を命じた。

廃仏毀釈により仏教寺院は半減し、貴重な仏像の多くは消えた。

長い封建社会の仏教保護政策の夢から醒め、仏教界を再建し仏教興隆を願うことが明治仏教の緊急事となった。

江戸時代、仏教は幕府権力の末端を受け持ち、政治に完全に従属していた。

江戸幕府が終焉し、明治政府の世になり、新時代に如何に仏教を対処させるか。仏教が近代社会にどう生きのびるか。

明治仏教は、多難な道をたどることになった。

仏教の本義、真髄にのっとり僧風を刷新する旧弊一洗、僧弊一洗がテーマとなった。いわゆる仏教思想の近代化である。

各宗派からは、名僧といわれる仏者を輩出した。

明治五（一八七二）年、大教院、教部省が設置され、大教院では教導職の養成が行われた。教則三条も発布され、神道下に諸宗教を統一しようとする明治政府の政策を実施したものであった。

明治初期は、文明開化の風を受け、啓蒙運動、欧化主義が盛んになり、開明思想が発達した。

明治二十二（一八八九）年、憲法発布。翌年（一八九〇年）、教育勅語など国家体制が固まり、国粋主義が勃興した。

日清、日露戦争、第二次世界大戦と近代化の先に戦争の世紀への誤った方向の国の舵取り前史が始まったとも言える。

明治初年、明六社の森有礼《もりありのり》が教部省の宗教政策を、良心の自由を無視したものと批判し「信教自由論」を唱えた。

西周《にしあまね》の「教門論」。仏教側では島地黙雷《しまちもくらい》が信教自由論、国家神道は非宗教であるとする「神道非宗教論」を唱え、明治以降の政府の天皇神聖観、神道非宗教政策の先取りをするものであった。

明治五（一八七二）年、島地黙雷、赤松連城《あかまつれんじょう》、石川舜台《いしかわしゅんたい》らが渡欧、翌年帰国。欧米を視察した彼らは「政教分離」「信仰の自由」こそが近代宗教の本質であると、大教院分離運動を起し、明治八（一八七五）年、大教院の解散、転宗転派の自由が認められることになる。

最初に真宗が大教院より分離独立した。

明治仏教にあって、保守伝統派は廃仏論に対する「護法論」を打ち出し、護国扶宗を標榜し、明治政権に役立つように仏教真理編成に呼応も、仏教国益論をもって宗教活動を展開した。

明治十年から二十年、各種の仏教結社ができた。

大内青巒《おおうちせいらん》（一八四五年～一九一八年）の明教社。青巒は年少の時、父母を失い上京した。『首楞厳経講義《しゅりょうごんきょうこうぎ》』六巻、『無明論』『心識論』『惑病同源論』『脳脊異体論』『心性実験録』

『老婆新説』『鶴巣集』の著書のある曹洞宗の原坦山《はらたんざん》（一八一九年〜一八九二年）のもとに入った。

明治七年、仏教界最初の新聞『明教新報』を発行。仏教雑誌『報四叢談』を創刊。活字印刷所『秀英舎』を創立した。

明治十二年には、盲聾唖《もうろうあ》教育の為、築地訓育院。捨児救済の為の福田会。僧侶の高等普通学校を設立。死刑廃止運動を展開した。東洋大学学長に就任。七十四歳にて入寂した。

島地黙雷の白蓮社《びゃくれんしゃ》　黙雷、赤松連城の令知社

赤松連城（一八四一年〜一九一九年）は、ヨーロッパ、イギリス留学に派遣され、帰国後は本山（本派）に奉職し、重職を担い、宗門を支えた僧侶である。

浄土宗法主、管長に就任した明治の代表的仏教者、福田行誡《ふくだぎょうかい》（一八〇九年？〜八八年）らの能潤会。

『行誡上人全集』『文集』『行誡上人略伝』等があるが、八十七歳で入寂。

真言宗の釈雲照《しゃくうんしょう》（一八二七年〜一九〇九年）は、目白十善会を結成。仏教の時代性を開発しようとした。

釈雲照は、明治維新の廃仏の際には、仏教興隆の為に東奔西走し、戒律を唱導《しょうどう》した。雑誌『十善宝窟』を刊行し、四恩十善の教えを鼓吹した。『密宗安心義章』『大日本国教論』『仏教文意』『十善大意』『戦争と仏教』『日本国民総安心』『国民教育の方針』等々著作は多い。

在家仏教の勃興は、明治前期の仏教復興と国家主義の結合によっておし進められた。代表的な人物に山岡鉄舟《やまおかてっしゅう》（一八三六年〜八八年）がいる。千葉周作《ちばしゅうさく》の門に入って剣の道を究めた。春風館をつくり門弟を指導した人物である。

剣禅一味の妙味を会得し、慶応四年に官軍が江戸に来た時、勝海舟と共に官軍と幕府の間に立って和解させた。

谷中に全生庵を開き、駿河に鉄舟寺を創建、禅の仏教居士としての働きも大きかった。島尾得庵《しまおとくあん》、三浦梧楼《みうらごろう》、河瀬秀治《かわせひでじ》、島田蕃根《しまだばんこん》らがいる。

明治二十三（一八九〇）年、教育勅語が発布され、国民精神の振興、国民道徳の昂揚がさけばれた。

明治二十年初頭、国民主義運動が起り、ナショナリズムの動向は仏教界にも影響を及ぼした。

明治二十七〜二十八年（一八九四年〜九五年）、日清戦争がおこった。学解の仏教として、近代化教学が形成展開される。民衆救済史の視点より本稿では、社会問題の対応、明治時代の慈善事業の実施について見ることとする。

第二項　明治時代の慈善事業

一　救貧活動

前期

救貧《きゅうひん》活動としては、前期では中泉《なかいずみ》普済院（二年設立）・長野県善光寺大勧進養育院（十六年設立）を始め各地に各宗で設けられた慈善結社や、秋田県曹洞宗永泉寺本郷達宜《ほんごうたつぎ》の救助所などの個人的慈善などがある。

中期

中期には、各宗協議会による「仏教慈善会」（二十三年設立）などの活動、あるいは滋賀県大津市の「近江婦人慈善会」（二十年結成）・山口県の「徳山慈善会」（同年結成）・愛知県岡崎の「慈無量講」（十八年結成）その他多くの救貧団体の結成、また前期と同じく三十年代初めにかけて連年結成されていった各地の慈善会、二十三年の米騒動、恐慌時を中心とする各地各宗派の臨時的救済事例などがある。

後期

後期には、東京市浄土宗長松寺松濤神達《まつなみしんたつ》の東京養老院（三十六年開設、四十三年引継ぎ）・大阪市東立寺内岩田民次郎《いわたみんじろう》の大阪養老院（三十五年十二月設立）・函館高竜寺上田大法《うえだだいほう》等の函館慈悲院等々の養老施設の開設、京都の東西両本願寺、真言宗東寺などの婦人会活動や各地仏教関係の多くの救貧団体の結成と慈善活動などがあげられる。

二　児童保護

前期

児童保護についてみれば、まず前期には、堕胎間引や棄児問題について江戸時代以来の仏教の役割としての積極的な禁止のよびかけや、武蔵国秩父の井上如常《いのうえにょじょう》・福島県郡山市如宝寺鈴木信教《すずきしんきょう》・同県加納村瓜生岩《うりゅういわ》などの防止活動がある。また育児施設として明治仏教界の代表的社会施設の一つとされる東京の福田会育児院（十一年設立）を始め、大道長安の救世院など十余施設が報じられており、また国策に応じた貧児教育も行われ始め、その他大内青巒などによる訓盲院（十三年設置）の盲人教育などが注目された。

中期

中期では、右の瓜生岩の諸種の育児事業を始め、三十に及ぶ全国の育児院・孤児院等の設置。全国十余ヵ所の仏教による感化教育施設の設立、とくに二十年代前後からの工場増加、貧富隔差による集団的貧困発生に伴う、不修学児・貧困児の大量出現に対し、そのもっとも集中した東京を始め、全国における多数の貧児学校等の仏教の貧児教育機関が設けられて、この面はとくに仏教の社会活動の期待の一つとなった。

後期

後期にあっても、中期に発達した全国的な育児院・孤児院の類を中心とする育児事業が継続あるいは新設され、そのなかには福岡博多の竜華《りゅうげ》孤児院、福井県の私立育児院、岡山県倉敷の菩薩会孤児院、東京の福田会育児院、松濤神達の「仏教婦人救護会」内孤児収容部などのごとく、東北凶作地帯の孤児多数を収容、教育したものも多い。

三　感化事業

前期

感化事業も後期に新たに全国二〇ヵ所ほどに仏教感化院が設立され、その多くは県の代用の指定を受けるに至った。また貧児教育関係では、中期に続いて全国に、とくに夜学校や子守学校などを中心に設立されていった。

医療保護

慈善事業の一環としての仏教関係の医療保護についてみれば、前期では主なものとして、五年、京都府設立の京都療病院に対する各僧侶の協力、十四（一八八一）年、真宗大谷派が鹿児島県に設立し、寄付した施薬病院と医学校、六（一八七三）年、大阪府や愛知県が各々本願寺派津村別院や名古屋区両本願寺掛所に開いた療病院への協力、十年・十二年〜十三年・十五年のコレラ流行に際する教導職らの種痘や予防の説教活動等々が挙げられる。

中期

中期の主なものとしては、二十三年、東京で各宗管長や諸本山の協力で設立された仏教病院博愛館、三十年、高山喜内《たかやまきない》が浅草海禅寺に設けた救療院、二十二年、小樽仏教僧侶の「円融会」、二十五年、「神戸報国義会」、二十八年、岡山県寿正院住職三島円徳《みしまえんとく》らが設立した救療院や施療院等々の施療事業がある。また聖徳太子の施薬院《せやくいん》を範として設けられた荒木諦善《あらきたいぜん》らの名古屋施薬院、京都安藤精軒《あんどうせいけん》の安藤治療所（のち、施薬院）、真宗高田派満性寺安藤光闡《あんどうこうせん》のひじり会（東京）や慈恵薬院（岡崎）、静岡県各有志の函西同和施薬院、北海道松前松沢善応《まつざわぜんのう》の松前慈善窮民施薬院等々、多くの施薬事業がある。さらに、三十年、真宗本願寺派設置の看護婦養成所、二十六年、真宗大谷派橋川恵順《はしかわえじゅん》発起による京華看病婦学校、三十五年、総裁彰仁《あきひと》親王・会長村雲日栄《むらくもにちえい》の「篤志看護婦人京都支会」等々の看護婦養成、あるいは前期についで十九〜二十年・二十八年のコレラ流行に対する予防説教や仏教衛生会の設置などが挙げられる。

後期

後期においても、救療活動では、四十二年開業の京都東寺の救世病院や四十四年設立の真宗本願寺派西島覚了《にしじまかくりょう》による早稲田病院などを始め、各地の各宗関係者で設けられた救療施設、四十四年五月、恩賜金等によって施薬・救療を目的に設立された「財団法人済成会」に対する各宗の積極的な協力などがある。救「癩《らい》」活動では三十九年、日蓮宗綱脇《つなわき》竜妙《りょうみょう》が設立した身延《みのぶ》深敬病院を始め、四十年、「癩」予防法成立後設置された国立「癩」療養所への仏教者の慰問・教化がある。さらに看護婦養成事業では、三十九年、浄土宗京都知恩院山内に設立の私立華頂看護婦学校、三十六年、愛知県の「大谷派桜花義会」設立の同会看護婦学校、三十九年ごろ日蓮宗滋賀県妙法寺児玉《こだま》禅海《ぜんかい》設立の仏教悲田看病養成所などが挙げられる。

後期の慈善事業のなかでは、とくに大都市における貧困者層の激増に併せ、新たに起こされた防貧事業として、セツルメントおよび宿泊施設の設置が注目されている。セツルメントとしては四十四年、渡辺海旭により創立された「浄土宗労働共済会」を始め、三十四年、瓜生岩を記念して作られた「四恩瓜生会」や、同年安藤正純《あんどうまさずみ》を中心に仏教仁慈女学院から改名した真竜女学校などのセツルメント化などが代表的である。宿泊施設としては三十四年、真宗大谷派浅草別院輪番大草《おおぐさ》慧実《えじつ》が浅草に建設し、ついで深川に第二無料宿泊所を設けた無料宿泊機関が先駆的なものとされている。

明治仏教が積極的に関与してきた諸種の慈善事業は、近代資本主義社会の発展過程における社会的矛盾の進行に対応して、仏教が示したもっとも時代的発言力の強い運動の一つであったが、多くの場合、教団仏教の守旧的体質からの発想であったため、十分、問題所在の社会的認識にまでに至らず、護教的限界に留まらざるをえなかったのが、実態というべきであった。

第三項　明治時代の政策

恤救《じゅっきゅう》規則《きそく》の制定

　明治元年の『五箇条《ごかじょう》の御誓文《ごせいもん》』は「万民保全の道を立てる」と、一八六八年四月の『五榜《ごぼう》の掲示《けいじ》』では「鰥寡孤独癈疾《かんかこどくはいしつ》のものを憫《あわれ》むべきこと」と、窮民救助の必要性を述べた。一八六九年三月の府県施政順序は「窮民を救うこと」を示し、窮民を三等級に分け、その等級にふさわしい方法で救済すること、貧院、養院、病院の費用を住民に割賦して極力公金の支出を避けることを指示した。一八六九年八月には民部省が置かれ、その直後制定の府県奉職規則では鰥寡孤独癈疾（身体障害）等の窮民の救助について定めた。

　各藩は、旧幕府時代の慣例により窮民対策を行った。一八七一年には、太政官から「棄《き》児養育米給与方《じよういくまいきゅうよがた》」が出され、十五歳までの捨て子を養育する者に米七斗を支給するとし、七三年には子供三人産んで貧困のため慈養が行き届かない場合は、養育料一時金五円を給与するとした。

このの後施策として具体化したのが恤救規則《じゅっきゅうきそく》という救貧制度である。

恤救規則

恤救規則は、一八七四年太政官達として府県に示された。行政機関内部の通達であった。

恤救規則（一八七四年）

済貧《さいひん》恤窮（貧窮をすくい、あわれむこと）は人民相互の情誼《じょうぎ》（好意）によって解決すべきものであるが、現実に困っている無告の窮民（労働能力もなく、何の稼ぎもなく、現実に赤貧で、しかも親戚及び市町村内の隣保等からなんらの援助も得られない者、すなわち貧苦を告げ訴えて救いを求めるところのない人）は、遠方の府県については五〇日分（近県はより短い期間）の食糧を、以後府県は次の規則に照らして給する。それ以上の詳細は内務省へ伺うこと。

一、独身極貧の者で、廃疾にかかり仕事のできない場合は、一年当り米一石八斗の割で給与する。ただし独身でなくとも他の家族が七〇歳以上か一五歳以下で、身体廃疾のうえ窮迫していれば同様とする。

一、同じく独身で、七〇歳以上の者が重病あるいは老衰して仕事ができない者には同様とする。ただし独身でなくとも、他の家族が七〇歳以上か一五歳以下で、身体廃疾のうえ窮迫していれば同様とする。

一、同じく独身で、疾病にかかり、仕事ができない者には、一日米男は三合、女は二合の割で給与する。ただし独身でなくとも他の家族が七〇歳以上か一五歳以下で病気で、窮迫していれば同様とする。

一、独身で一三歳以下（未満）の者には一年米七斗の割で給与する。ただし独身でなくとも他の家族が七〇歳以上か一五歳以下で、窮迫していれば同様とする。

一、救助米は、その地の前月の下級米相場による金銭で渡す。

年間で米一石八斗の割とは、江戸時代の一人扶持の額であり、最低生活費の基準でもあった。

救助の抑制

恤救規則が出て申請が殺到し、その額も予想を越えたのであろう、半年後の一八七五年、内務省は救助を抑制するような通達を各府県に出した。

窮民恤救の意義については、昨年通達した趣旨もあることであるが、今後救助の申請があった場合は、左の箇条に照らし、十分調査のうえ、伺い出るよう心得として通達する。

窮民惶救申請調査箇条（一八七五年）

第一条　恤救規則によるべきものは、独身、老幼、廃疾、疾病等によって何らの働きもできず、事実赤貧で、他に保育する者もなく、まったく無告の窮民に限る。単に高齢廃疾等の名目により救助を願出るといったことがあれば、これは恤救規則の趣旨にも反し、たとえ七〇歳以上あるいは廃疾の者でもその仕事によっては稼げる者もないわけではないので、十分現場の実況を査定し、真に止むを得ない者のみ詳しく事情を書いて上申するようにせよ。

第二条　同じく、これまでその市町村内あるいは隣保の情誼によって互いに協力救助して来た場合は、別段官の給与を乞わないのを本旨とせよ。

第四条　同じく、一三歳以上七〇歳以下の者、疾病中救助米を賜った場合でも、全快の時期を十分調査し、だらだらと支給するようなことがないよう注意せよ。

第八条　老幼、廃疾、疾病等で独身でない者でも、他の家族が七〇歳以上一五歳以下であれば、本人のみに独身に準じて給与すべきという本文であるが、もし他の家族廃疾、疾病、老幼で実際上捨ておきがたい事情があれば、その者にも救助することもあるので、其の趣旨を具体的にのべよ。一家数人の救助におよぶ場合は、合計して減らすように申し出よ。

内務省から抑制の通達を受け、各府県では、ほぼ同文の通知を県内に発した。

恤救規則の意義

この恤救規則は冒頭の「済貧恤窮ハ人民相互ノ情誼ニ因テ其方法ヲ設ベキ筈ニ候得共」（済貧恤窮は人民相互の情誼によって解決すべきものである）とあり、公的扶助責任でなく、私的救済活動を優先すべきであるとし、古代的とも評される。

これ以前何もなかったことに比べれば、わが国で全国統一の公的扶助史上、画期的な規定というべきである。当時としては人民相互の情誼は当然で、その情誼に期待しえないときには、それまでは一時的な救済でしかなかったものを、明確な公的扶助として提供しようというのであるから、この規則の趣旨は「公的」扶助に重点があった。

この恤救規則の適用を受けた人数は、明治時代、全国で多くて年間一万八千人、少ないときは一千人程とわずかである。

行旅病人及び行旅死亡人取扱法

一八九九年には、行旅病人及行旅死亡人取扱法が制定された。行旅《こうりょ》とは旅行中とか旅人という意味である。旅行中の病人は所在地の市町村長が救護し、その費用は被救護者もしくは扶養義務者が負担する。旅行中の死亡者については仮埋葬し、費用は本人の遺留金品を当て、不足分は相続人または扶養義務者が負担するというものである。遠くは律令にも定められていた制度が、明治になってからも一八七一年に行旅病人取扱規則が出され、八二年にこれが廃止されて新たに行旅死亡人取扱規則が制定された。このときは、費用は本籍の遺族が負担するが、赤貧の場合は公費で支弁することとしていた。一八九九年行旅病人及行旅死亡人取扱法になり、改正を重ねて、現在も生きている。

行旅病人及行旅死亡人取扱法（一八九九年）

第一条　この法律で行旅病人とは、歩行に耐えない旅行中の病人で療養の方法がなくかつ救護者のない者をいい、行旅死亡人とは旅行中死亡して引取り者のない者をいう。

第二条　行旅病人は、その所在市町村長がこれを救護すること。必要な場合は市町村長は行旅病人の同伴者についても相当の救護をすること。

第七条　行旅死亡人があるときは、その所在地市町村長はその状況、相貌、遺留物件その他本人の認識に必要な事項を記録し、その死体を仮土葬すること。ただし法令に別段の規定がある場合は火葬してもよい。

災害救助

災害時の救助は、律令にも規定され、各種の賑給により一時的な対処はされた。一八七五年には、窮民一時救助規則や七七年の凶歳租税延納規則が制定されたが、本格的には八〇年の備荒儲蓄法《びこうちょちくほう》で府県の義務を定めたものがはじめてである。備荒とは、あらかじめ凶荒・災厄に対する準備をしておくことである。

一八八九年には備荒儲蓄法にかえて、罹災救助基金法が制定された。

罹災救助基金法（一八九九年）

第一条　府県は罹災救助基金を貯蓄すること。

第二条　罹災救助基金は府県の全部または一部で非常災害にかかった者を救助するために支出するものとする。

第八条　罹災救助のため、罹災救助基金を支出する費目は、避難所費、食料費（炊き出しまたは食品給与）、被服費、治療費、小屋掛け費（仮設建設または材料費）、就業費（貧民で罹災のため失った業務に必要な資材器具の皆用ことする。

備荒儲蓄法のように農民に限らず、また困窮を要件とせず、関連府県民全体を対象とした点が特徴である。これは一九四七年災害救助法施行まで継続した。なお同時に災害準備基金特別会計法を公布し、国庫においても災害準備基金を設けるとした。

北海道旧土人保護法

一八九九年、北海道旧土人保護法により、アイヌを旧土人と称して、圧迫により漁場を失って失業するアイヌに農耕を奨励しようとした。

北海道旧土人保護法（一八九九年）

第一条　北海道旧土人で、農業に従事する者または従事しようとする者には、一戸につき土地一万五〇〇〇坪（5ヘクタール）以内を無償下付することができる。

第二条　この土地は、相続以外に譲渡できず、担保に供することができない。また下付して三〇年以内は地租および地方税を課さない。

第六条　北海道旧土人で疾病、不具（障害）、老衰または幼少のため自活できない者には、従来の規定による救助のほか更に救助し、救助中死亡したときは埋葬料を給することができる。

第七条　北海道旧土人の貧困なる者の子弟で就学する者には授業料を給することができる。

一九九七年、アイヌ文化振興伝統普及法により廃止された。

感化法

日清戦争後の社会的変動のなかで、浮浪児が激増し、とくに少年放火犯が頻発した。これまで監獄法や刑法の対象になっていたこれら児童を、他の施策により措置していく大きな変化であった。

もっとも府県に感化院の設置義務は課さなかったので、しばらくは進展しなかった。一九〇八年刑法改正で刑事責任年齢が一四歳以上となったので、一四歳未満は懲役でなく感化院入院ということになり、府県設置が義務づけられた。

感化法（一九〇〇年）

第一条　北海道および府県には感化院を設置すること。

第四条　北海道および府県においては、その区域内に団体または私人の感化事業の施設があるときは、これを感化院に代用することができる。

第五条　感化院には左の各号の一に該当するものを入院させる。

一　地方長官（知事）が、満八歳以上一六歳未満の者でこれに対する適当な親権を行なう者もしくは適当な後見人がなくて遊蕩または乞食をし、もしくは悪友があると認

めた者

二　懲治場（一八八一年設置、八歳以上二〇歳未満と聾唖者が入場する監獄）留置の言い渡しを受けた幼者

三　裁判所の許可を経て懲戒場に入るべき者

本法制定には、東京市養育院感化部設置に努力した人々の主張や運動が気運を醸成した。施行にあたり、感化院の名称は、感化教育上重大な関係があるので、何々感化院とは称さず、入院者に不快の念を起させない名称を付することを通知した。感化とは、人格的影響で他人を変えることである。

感化院発足のときから不快の念を起こさせるものになっていた。

感化法制定の頃から、それまでの慈善事業の語が感化救済事業と変えられるというようなことがあった。しかし一九二〇年頃からは社会事業の語が一般的になった。

精神障害

精神障害者については、医療、保険の見地からの立法ばかりで、福祉を中心の一つに据

えた立法は、一九九五年の「精神保健及び精神障害者の福祉に関する法律」まで待たなければならなかった。

一九〇〇年、精神病者監護法が制定され、一九年、精神病院法が制定された。精神病者監護法では、精神病者には監護義務者をつけること、監護義務者は、精神病者を監置する義務を負うことを定めたが、監置とは私宅に監禁することにほかならず、医療面では不備なものであった。精神病院法は、精神病院の設置を促進し、地方長官が要件に合う者を入院させることができるとした。

（百瀬孝著『日本福祉制度史』ミネルヴァ書房参照）

第四項　仏教教育道、明治の堕胎圧殺の禁止運動

江戸時代の堕胎、間引、棄子の悪弊は、明治期に至っても尚、跡を絶たず、倫理問題と言うよりは社会的問題であった。

富国強兵策（国を豊かにして、兵力を強める）、明治初期の政府は、この人口政策より、「堕胎圧殺」や「捨子の禁止令」を頻繁に発した。

堕胎間引対策として佐藤信淵《さとうのぶひろ》の「慈育館《じいくかん》」は有名である。

仏教徒の堕胎間引、棄子の禁止、その教育対策を僧侶に依頼する動きは江戸期にも明治初期にも盛んであった。

仏教に帰依した者が守るべき行い、仏教道徳の一つに戒（行ないをつつしみ戒律を守ること）があった。

反覆習性的に修習する自らに課する戒め、威儀、悪いことをしないという誓いの実践、人間完成への修行生活の規則としての戒めである。

自発的な心の働き、他律的な規律、規範を意味する。

釈尊以来の戒律がすたれ、慈雲尊者、慈雲飲光《じうんおんこう》（一七一八年～一八〇五年）は、正法律として十善戒《じゅうぜんかい》をとなえ『十善法語』十二巻を著わした。

十種の善い行い、世の人の守るべき十の戒めと守るべき人の道を説いた。

一　生き物を殺さず　不殺生《ふせっしょう》（生き物を殺すなかれ）

二　盗まず　不偸盗《ふちゅうとう》（盗むなかれ）

三　邪淫せず　不邪淫《ふじゃいん》（男女の仲を乱すなかれ）

四　妄語せず　不妄語《ふもうご》（偽りを言うなかれ）
五　綺語せず　不綺語《ふきご》（ふざけた言葉を言うなかれ）
六　悪口をいわず　不悪口《ふあっく》（悪口を言うなかれ）
七　両舌をせず　不両舌《ふりょうぜつ》（仲たがいさせるようなことを言うなかれ）
八　貪さず　不慳貪《ふけんどん》（貪るなかれ）
九　瞋らず　不瞋恚《ふしんに》（怒るなかれ）
十　邪見をいだかず　不邪見《ふじゃけん》（人間生存の理法について、よこしまな見解をいだくなかれ。よこしまとは、悪口、中傷、正しくない邪見、我見である）

悪口、中傷、殺人等は悪い行い、悪業であり、今日も評価されていない。

福田行誡《ふくでんぎょうかい》（一八〇九年〜八八年）、浄土宗の明治の代表的な仏教者は、不殺生戒を説き、動物愛護、生命の尊重を説いた。

堕胎間引、棄子は、明治初期にあって跡を絶たず、明治初期、政府は堕胎圧殺や捨子禁止令を頻繁に発している。

各府県の禁止布令や村費で、私生子育て予算をまかなうこともあった。

松方正義《まつかたまさよし》の『堕胎を救済する儀』等々があらわれ、貧困等も手伝って、堕胎厳禁が母子心中を招く恐れがあるとして、棄子院設立等が勧められ、松方は日田《ひた》に養育館《よういくかん》を設立している。

仏教慈善史には、孤貧者の子供の収容に関する事例が多く見られる。

堕胎は「天理に背き、人道にもとること」と述べ、堕胎間引禁止を僧侶に依頼する動きが江戸期もあったが、明治期も盛んであった。

真宗門徒信者の多い地域は、堕胎圧殺がほとんど見られず、村の人口が増えたという。

堕胎禁止令に貢献した人に広如《こうにょ》（本願寺門主）があり、啓蒙家としては大内青巒《おおうちせいらん》の禁止運動、教育に尽力した代表的な人物として井上如常《いのうえにょじょう》、瓜生岩子《うりゅういわこ》、鈴木信教《すずきしんきょう》等がいた。

活動の根拠は、仏教的理念の第一「不殺生戒」であった。

「命を惜しまず、それを殺して大慈悲仏性の種子を断ずるは、不仁の至り」と、井上如常は、安政二年、回向院の過去帳に堕胎児、圧殺児の千余人あるのを見て心をいため、棄児養育所、済幼院の設立嘆願書を提出、この嘆願が聞き届けられ、済幼院設立の運びとなった。

如常は、貧困という社会的要因の探究解決というよりは、仏教思想、仏教の因果の教え、倫理観に基づく教化活動の一環であり、維新における慈善家であった。

社会育嬰《いくえい》講を設立して、堕胎圧殺の防止や棄子養育に努めた。

弊風矯正《へいふうきょうせい》資金を募り、印刷文書の領布に努めた。

『小児出生の時（の）心得方』『堕胎せる産婦が死後、地獄に於いて閻魔大王より責められる』等、その内容には堕胎間引は、天理人道に背き、一人でも殺せば、将来不幸になると説かれ、貧窮者には施与（施し）のあることが述べられている。子供の多い、その養費にて貧困原因とはならぬと「常談」という隣三軒両隣、隣伍《りんご》の相互扶助を組織して、幼児の養育と健康を維持しようと汗水を流した。

子供に恵まれるということは、皆天地神仏のはからいである。出生した子供は父母の子供でありながら私のものではないと、教化に及んだ。

鈴木信教の教育事績

人には、それぞれ価値観や生き方がある。天保十四年生まれ、明治二十五年入寂まで、堕胎絞殺は「敬心愛国の基本、天理人道に違戻《いれい》する」と悟り、その育児思想により、信教は活躍した。明治十年代前後の頃をピークに、生涯初心を貫いた信念の人である。

福島県郡山の真言宗の東北の名刹の如宝寺《にょうほうじ》の住職で、当時は妻帯せぬ世の風潮があった。寄付を求めず、粗衣粗食にて今日で言う児童福祉の分野で「堕胎の弊風匡正《きょうせい》」を行い、二百余名の貧しい家庭に生まれた子供の養育に心血を注いだ清僧であった。

貧児の将来を顧慮して養子、養女として入籍、その家に養育費、哺乳類費を自費にて与え、明治二十五年入寂まで生涯初心を忘れずに継続して実践に及んだ信仰実践者であった。

時として、信教は、自らかわいい子供に添い寝して、排泄、おむつ交換の世話まで行ったという。

信教の信仰と実践を支えた育児思想は、子どもを授かり出産に及ぶのは、天地自然の道理、人為で生命を奪ってはならない。敬神（神を敬い）、愛国（自分の国を愛すること）は、人間としての基本であると全国各地に育児施設の設立を要望し、明治二十四年の濃尾《のうび》地震《じしん》の時には岐阜、愛知の両県知事に罹災者《りさいしゃ》幼児の養育を申請している。

明治二十四年には、如宝寺門前に綿布機織場を設け、子女へ授産、仕事を与えたこともあった。

子宝、子供を愛し、子供を大切にして尊ぶ弱者救済の実践者として人道、人のふみ行うべき道、人として動義にかなった道、人間愛をもって人権（生きる権利）を尊重した僧侶として「信教《しんきょう》頌徳碑《しょうとくひ》」が如宝寺境内に見られる。

瓜生岩子の教育

会津若松県（藩）では県令で、堕胎悪習を厳禁し、貧窮その他の理由で養育困難な者の救済を図った。

「人としてかゝる行いは鳥獣にも遥かに劣る」と幼院設立計画を発表し、勧募した。

維新直後は、観音講を利用して妊婦の救済に努め、明治元年には、戦場より助け出した幼童中の引取り人のある者は引取人に、残った者を集めて小田付村に幼学校を設置して救い養った。

明治五年十月、上京して佐倉潘、大塚十右衛門の創立した教養会を訪ね、棄子、遺児、老病者の教養について教えをうけ、六年三月帰郷して岩崎村の長福寺で堕胎禁止や行旅病者の収容保護に尽くした。

不殺生戒、生き物を殺すなかれという戒めを守るべき人の道を説く活動であった。授戒会《じゅかいえ》や矯風《きょうふう》演説会が功を奏し、二十年前後にはこの地方の堕胎の悪習は跡を絶ったという。

明治の女傑、慈善の泰斗《たいと》、瓜生岩子と評価されている。

一八八五年、イギリスの遺伝学者ゴールトンGalton（一八二二年〜一九一一年）は優生学（eugenics）、人類の遺伝的素質を改善することを目的として、悪質な遺伝子を淘汰し、優良なものを保存することを研究する学問を首唱《しゅしょう》した。

一九四八年「優生保護法」がわが国にも制定された。

優生学法上の見地から不良な出生を防止し、母胎保護を目的とする法律である。

優生保護法に基づく、断種、本人又は配偶者に遺伝性疾患がある人等に対し、生殖能力をなくす為に生殖器の一部に手を加える手術もあった。

優生の法則、メンデリズムは、障害のある人が邪魔であり、不良の子孫の出生の禁止、不妊手術も行われた歴史もある。ヒットラーは、労働に使えるか。生きる価値があるか。国費を圧迫する邪魔な存在として障害者を殺害、安楽死させるT４作戦を行い、悪用した。

今日は、お腹の赤ちゃんが、男の子か女の子か、障害は無いか等、医学は進んでおり、身ごもった障害児を生むべきか、出産して、障害のある子が成長段階でそれぞれどのような施設にてサポートを受けて生涯を過ごすのか。障害者の家族と共に考える環境にも恵まれている。母胎保護を事由とした現代人の安易な中絶手術の氾濫は、少子化社会にあっては国の2.0出生目標の不足分中絶が行われている実情を思うと、生命への畏敬を願わずに居られず、安易な中絶が回避されれば、人口は確実に増加することを先人に学ぶことであろう。

生存権、人権、人間として生きる権利があり、幸福追求権もある。

親として、五体満足の子供の姿を見て、生命誕生の歓喜に満悦することは誰にでも理解できるが、ハンディキャップ、障害をもって生まれる子供も現実にある。

フランスは結婚前の同棲生活が多く、私生児を国の子供として養育することによって出生率2.0増加を達成している。

中絶が、わが国の出生率達成2.0未達成に影響を与えているとするならば、一考察に値する生命重視社会の人口増加の鍵を握る問題点でもあろう。

ちなみに二〇二〇（令和二）年6月5日、厚労省発表、二〇一九年人口動態統計では、一人の女性が生涯に生む子供の数に当たる合計特殊出生率は、四年連続低下、1.36ポイントと前年から0.06ポイント下がった。千葉県は1.28であり、全国平均を下回っている。四年連続の低下で、07年以来十二年ぶりの低水準である。政府や自治体は保育所の整備、教育の無償化などで少子化対策に力を入れてきたが、残念ながら人口増対策は、いまだ実を結んでいない。なぜであろうか。

出生率は05年に1.26まで下がった後、団塊ジュニア世代が、出産適齢期に入ったことなどで15年に1.45まで上昇していた。16年以降は再び低下傾向に転じた。それは働く女性の割合が高まり社会全体の晩婚化進んでいることが背景にある。

少子化は、政府の想定を上回るペースで進んでいる。国立社会保障・人口問題研究所は17年時点では、19年の出生率を最も可能性が高いとされる中位推計で1.42と見込んでいた。19年に生まれた子供の数（出生数）は過去最少の八十六万五千二百三十四人で、九十万人の大台を割るのも21年確実かとの見通しから二年も早まっている。

出生数は女性（母親）の全年代で減った。二十五～三十九才の落ち込みが大きい。

団塊ジュニア世代が、四十代後半に入り、出産適齢期の人口も減っている。

政府は、少子化対策に年間五兆円程度を投じているが、効果は表れていない。若年層が安心して子どもを産んだりできる環境づくりが必要となる。出産や育児で仕事をやめ、三十代を中心に就業率が下がる「M字カーブ」の解消も進んできた。在宅勤務の拡大など働きながら子育てしやすくする新たな取り組みも求められている。

先行きも新型コロナウイルス禍などで将来不安が広がれば少子化は一段と加速しかねない。年金や医療など社会保障制度を支える現役世代の減少は、保険料の上昇などにつながる可能性がある。

19年の死亡者数は、一三八万一〇九八人と戦後最多を更新した。死亡者数から出生数を引いた自然減は、五十一万五八六四人と過去最大になっている。

出産後、虐待防止など子供の権利、生存権を護り、健やかな成長を願う生命重視の社会の形成も必要であろう。

人口増加政策には、堕胎間引き禁止の先人の叡智に学ぶことが何よりも大切に思えるが、気づいている現代人は少ないようだ。

一九七〇年代から一九八〇年代にかけて、中絶規制緩和をめぐって激しい議論がなされた。それを受け、一九七二年五月二六日、政府（第三次佐藤改造内閣）提案で優生保護法の一部改正案が提出された。改正案は宗教団体などの意向を反映したもので、以下の三つの内容であった。

1　母体の経済的理由による中絶を禁止し、「母体の精神又は身体の健康を著しく害するおそれ」がある場合に限る。

2「重度の精神又は身体の障害の原因となる疾病又は欠陥を有しているおそれが著しいと認められる」胎児の中絶を合法化する。

3　高齢出産を避けるため、優生保護相談所の業務に初回分娩時期の指導を追加する。

障害者団体からは主に2が、女性団体からは主に1と3が反対の理由となった。法案は一度廃案になったが、一九七三年に再提出され、継続審議となった。一九七四年、政府は障害者の反発に譲歩し、2の条項を削除した修正案を提出し、衆議院を通過させた。しかし、一九七四年六月に同修正案に反対する日本母性保護医協会の推した候補、丸茂重貞が選挙で圧勝したことで、参議院では審議未了で廃案となった。

生長の家などによる、経済的理由による中絶禁止運動はその後も続いた。中絶容認しないカトリック教徒のマザー・テレサは、一九八一年・一九八二年と二度の来日で、中絶が認められることへの反対を訴えている。一方で日本母性保護医協会、日本家族計画連盟などが中絶を禁止するべきでは無いと主張し、地方議会でも優生保護法改正反対の請願が相次いで採択された。

その結果、一九八一年（鈴木善幸内閣）から再度の改正案提出が検討されていた。一九八三年五月（第一次中曽根内閣）には、自民党政務調査会優生保護法等小委員会で「時期尚早」との結論を出した。一九八三年六月二六日投票の参議院議員選挙では、自民党内の生長の家系、日母系の陣営のいずれが勝利するかが、改正案の帰趨を制すると見なされたが、勝利したのは日母の側であった。結果、生長の家政治連合は解散した。以後の優生保護法改正案の国会提出は断念された。

平成八（一九九六）年の法改正により、法律名称が「母体保護法」になった。なお、優生保護法、母体保護法ともに、議員立法によって制定・改正が行われてきている。ただし、行政実務上の主務官庁は、厚生労働省（雇用均等・児童家庭局母子保健課）となっている。

日本人減最大五十万人
最多四十四道府県でマイナス

総務省が発表した住民基本台帳に基づく人口動態調査によると、二〇二〇年一月一日時点の国内の日本人は一億二四二七万一三一八人で、前年から五十万五〇四六人（0.40％）減った。マイナスは十一年連続で、減少数、減少率とも過去最大であった。都道府県別に見ると埼玉、千葉がマイナスに転じ、これまでで最も多い四十四道府県で人口が減少した。増えたのは東京、神奈川、沖縄の三都県だけで、偏在がさらに際立った。政府が掲げる地方創生の取り組みにもかかわらず、少子化と一極集中が加速する構図である。都市部での新型コロナで地方分散への関心が高まる中、機運を捉えて集中是正の有効策を打ち出すことが急務となっている。

二〇一九年の出生数は八十六万六九〇八人で最少を更新、初めて九十万人を下回った。

死亡者数は、一三七万八九〇六人と過去最多であった。働き手となる十五〜六十四歳が全体に占める割合は0.20ポイント減の59.29％となる一方、六十五歳以上は0.35ポイント増の28.41％で、高齢化が進んだ。人口の約三割が東中する東京圏は、埼玉と千葉で死亡数が出生数を上回り減少に転じたが、東京と神奈川の増加分を含めると全体では六万七三〇一人の増加だった。名古屋圏（岐阜、愛知、三重）と関西圏（京都、大阪、兵庫、奈良）の減少拡大に伴い、三大都市圏全体は二年連続で人口が減った。人口増日本社会を願っているのは、私だけではないであろう。念ずれば、人口増は可能と思われる。

第五項　明治の新仏教運動

明治仏教における重要な課題の一つに仏教における倫理性欠如の問題があった。

戒律の系譜・潮流　戒律主義運動

正法律《しょうぼうりつ》を創唱し『十善法語《じゅうぜんほうご》』を著した大阪の出身の慈雲尊者飲光《じうんそんじゃおんこう》（一七一八年〜一八〇五年）は正法律を唱え、釈尊に帰ることを主張した。

安永五（一七七六）年、河内高貴寺《こうきじ》を正法律の根本道場と定め、民衆教化の為、『仮名法語』や『梵学津梁《ぼんがくしんりょう》』一千巻等を著わした。

晩年、京都阿弥陀寺に移住して一八〇四年、八十七歳で遷化した。

維新期の仏教運動は、戒律主義として展開され、やがて自戒自律の精神となって、変革期の新仏教運動を支えていくことになる。

戒律の潮流は江戸時代にもみられる。

天台宗の安楽律である。

大乗菩薩の行執なり。創始者、慈山《じざん》（妙立《みょうりゅう》）を祖とした。

最初、禅宗であったが、東大寺の覚盛《かくじょう》（一一九四年～一二四九年）、西大寺の叡尊《えいそん》（一二〇一年～九〇年）の自誓受戒《じせいじゅかい》に心打たれ、南山派の律僧となった。

定慧二学は、宋、知礼藕益を師として天台の三大部を研究し、禅宗を捨て、天台に帰した。これが安楽律である。

真言宗の新安流

江戸時代の初頭、明忍《みょうにん》は、戒律の頽廃を嘆き、一六〇二年、栂尾《とがのお》の高山寺《こうざんじ》に於て、自誓受戒、真言律の振興に努めた。快圓、慈忍等がその風を慕い、真言律を唱道《しょうどう》した。間もなく浄厳《じょうごん》が現れ、菩薩戒、具足戒を受けた。一六九一年、江戸霊雲寺《れいうんじ》を開創、戒律の道場とし一世を風靡した。

浄厳の系列を新安流といい、飲光《おんこう》は、正法律と称し、真言宗内に一法幢《いちほうどう》を建て、真言律宣揚《せんよう》に努めた。

真言宗正法律の開祖、慈雲尊者の正法律の実践は『十善法語』十二巻の著書に見ることができる。

人が人として生きる為の基本的な原理である。

倫理的な規範であり、世俗的倫理として受入れられる真理であると、慈雲は、十善戒が「人の踏み行うべき原理」であると、くり返し説き続けた。

慈雲は、十善戒の実践について「人となる道」としての理想的な人間像を描こうとしていた。

日蓮宗の法華律

法華律の新運動は、十七世紀中葉、日政《にっせい》が提唱した。十重禁戒《じゅうじゅうきんかい》を略法受戒した。明治の仏教は、廃仏毀釈の打撃から立ち上がる為、釈尊時代の真正の仏法に復古しようとする護法意識の高まりが見られる。

第六項　明治維新政府の社会問題への対応

明治元年の堕胎禁止、政府は堕胎、間引き棄児の禁止教育を僧侶に託した。

明治四年　棄児養育米給与方《きじよういくまいきゅうよがた》

明治五年　人身売買禁止

明治六年　三ツ子出産の貧困者養育米給与方

明治七年　恤救規則《じゅっきゅうきそく》などがあげられる。

棄子問題対策　育児事業

福田会育児院の設立が仏教者に多大な影響を与えた。

a　仏教保護事業の中心的事業

著名な仏教育児事業

瓜生岩《うりゅういわ》の福島鳳鳴会　堕胎棄児問題への対応

b　明治中期の育児事業

「愛知育児院」設立　明治二十（一八八七）年　森井清八、荒谷性顕《あらたにしょうけん》

「宮城育児院」日蓮宗　立花日穣　堕胎棄児の防止

「平安養育院」明治二十二年　長島昌　菅藹らの育児事業の拡大を図る

「菩薩戒孤児院」（明治三十一年）岡山県　大石平

「慈恵会育児院」千葉県　冷泉実田

「神戸市仏教慈善財団救民院」兵庫県

「滋賀育児院」滋賀県　鈴木貫一

「広島育児院」（本派崇徳教社）明治三十二年

「龍華孤児院」（福岡博多　七里順之）

「新潟育児院」新潟　中島性空

「徳山普済院」山口　無埦品真英
「阿波国慈恵院」（徳島）
「遠江育児院」（静岡　大島周吟）
「讃岐保育場」（女囚携帯乳児目的）明治三十四（一九〇一）年
「讃岐保育会孤児院」と改称

c　明治中期

東北大凶作をはじめ、関東大水害など大火災、地震、海嘯《かいしょう》、水難など数多くの災害に見舞われた。日露戦争の激化は、出征家族や遺家族の援護が重要な課題となり、児童保護事業にも影響を与えた。

代表的な児童保護事業は出征による遺児・孤児の収容や幼児保育の設立である。

愛知県豊橋に明治三十三（一九〇〇）年、出征軍人の遺児・孤児に対する仏教児童保護事業「豊橋育児院」が創設され、仏教各宗寺院が出征軍人の子弟の幼児教育にあたった。

三十六（一九〇三）年、京都府福知山の加藤文教らが主になり「福知山仏教育児院」を設立し、軍人遺家族の孤児貧児を収容した。

三十七年、名古屋では愛知婦人国恩会が「出征軍人幼児保育所」を開設。同年、山口では荒川道隆が「山口育児院」、大分では「慈善奉公教養院」、「大分育児院」（足利紫山）が創設された。

三十八年、真宗本派、慈善会財団が「軍人遺孤児養育院」を開設。長崎においては喜多璋太郎が「長崎幼児保育所」を開設、福島県では「会津孤児院」が創設された。

三十九年には、京都に「伏見慈善会」、群馬県では「高崎育児院」が田辺鉄定により開設され、四十四（一九一〇）年には浄土宗が「軍人遺孤養育院」を開設している。

出征軍人の遺児・孤児に対する育児事業だけではなく、孤児に対しても仏教育児事業は、活発に活動した。

三十三（一九〇〇）年には「京都救済院」（津田明厳）、「甘露育児院」（津田明導）、三十四（一九〇四）年は「三重育児院」（能教海・能真海）、「山陰慈育家庭学院」（嘉本俊峰）、「長崎仏教慈善会」（永井大憧）、「愛媛慈恵会」（本城徹心）、「佐賀孤児院」（曹洞宗有志）。

三十五（一九〇二）年は「各宗魚沼孤児院」（新潟県）、「卍字教会家族園」（東京、小峰融憲ら）。

三十七（一九〇四）年には、岡山県で釈日研らが「釈尊修養院」、滋賀県では「大津育児院」、山形県では仲田徳明らによる「羽場仏教育児院」、長崎県では仏教各宗聯合による「佐世保孤児院」が開設された。

三十九（一九〇六）年は「岩国孤児院」（津田恵海）、「洗心孤児院」（橘勇龍）、「東京仏教孤児院」（村田黄雲）、「後因伯孤児院」（藤岡吉平）。

四〇（一九〇七）年には「深敬保育園」（柴谷龍寛）、「横須賀仏教同志会付属孤児院」、「岩手育児院」（各宗寺院）、「放光園」（大滝宗淵）。

四十二（一九〇九）年に「新宮育児院」、四十五（一九一二）年に「四恩会育児院」が、村山大仙により創設された。

真宗門徒の慈善民衆救済

第一　勤勉と節約によってもたらされる「富の処理」の方法の一つとして、仁慈にもとづく多数の窮民・貧人に対する救恤などへの行使である。

加賀の俄田家は、天保七年の凶作に際して「力の及ぶ限り施行」した結果、他村と比べて「死去退転」が少なかった。飢饉下での救恤を信仰の上に意味づけている。

第二　殺生禁忌の観念が「堕胎・間引き」の防止と生子養育に効用があった。真宗寺院のきわめて少ない北関東諸国や美作国が人口減少に悩まされ、堕胎・間引きの禁令がしばしば出ているのに、真宗篤信地帯である北陸諸国や安芸国で人口の増加がみられ、これらの禁令がみられない。

十九世紀初め、仙台領の真宗僧、教念が、陸中遠田郡涌谷村を中心に堕胎・殺児の風習を矯正し、貧児の養育にあたり、文化期の秋月藩では、生子養育と堕胎防止とに真宗寺院が中心となって教導にあたった。

第三　信仰や倫理を醸成し、持続させるものとして「講」の組織化があるが、相互扶助機能に注目、西日本門徒地帯の「小寄講」で、安芸国では村内の十四、五軒から二、三十軒で構成され、小寄講は、本来の宗教的機能のほか、世俗的道徳の改善陶冶の場として、さらに葬儀・農作業・普請・病人の家への手助けその他の家事において相互扶助を行なった。これにより小農民の没落を防ぐ組織としても機能したという。

仏教関係者によって保育事業が推進されたのはなぜであろうか

三つに分類することができる。

まず第一は、被災に対する家族援助の一方策としての保育事業の開設であり、第二は農繁期にある農家に対する家族援助、都市の隣保事業の一環としてなど地域問題への対応策としての保育事業。第三として、記念事業を契機とするものであった。

第一の被災家族への援助は、この期の最大の災害は関東大震災である。震災への対応策としての仏教保育事業の開設をみると、明徳学園幼稚部、小石川学園（浄土宗）、和光童園、江東学園、深川仏教会館児童園、仁風会館、（浄土真宗）、蒔田託児所（曹洞宗）、同潤会立正幼児園（日蓮宗）、小田原託児所などがある。

江東学園は、震災直後の十二月最も震災の激しかった本所区亀沢町にあった江東幼稚園の後にバラックを建造し、託児所を開設している。

第二の農繁期託児所や隣保事業の一環としての保育所、地域問題に対応した援助の必要性から開設された保育事業は、大正初期から開始される。隣保事業の一環としての保育事業が早く、大正二年に細民救済の手段として不動寺保育園が開設され、四年に下奥幼児保育園が、九年にマハヤナ学園の保育部が開設された。被差別部落の幼児を集め保育事業を開始したものとして、十一年に慈雲集童園、十四年に徳風保育園、十五年に一里山隣保館保育部が開設された。雲雀谷自由学園は夜学校の発展として幼児保育部を開設した。

農繁期卓上は、大正後期より現れはじめ、十四、十五年に増大する。滋賀県の土田託児所は、大正十一年に開設、十二年には安土託児所、真宗大谷派西念寺農繁期託児所、十三年に教圓寺託児所、十四年には善隣館保育部、高千帆幼護園、和楽託児所、徳風保育園、十五年には加茂託児所、善門寺託児所などが問設されている。

第三として、記念事業の一環として保育事業が開設されたものに、皇室関係の記念事業として事業が開始されたものがある。

大正四年、大正天皇御大典記念に際し保育事業が開始され、近江婦人会慈善会保育所、波切村幼児哺育場、長笞保育園などがそれである。

大正十二年には、皇太子御成婚記念事業として、松坂仏教愛護園、愛国護法永照寺婦人会西部託児所があり、平安徳議会創立三十周年記念事業として平安徳議会第一保育園が大正八年に開設。十四年には、会津婦人会創立二十五周年記念事業として大師一一〇〇年御忌奉修の記念事業として太融寺保育園が開設している。十五年、郡山婦人会幼児保育所が開設されている。

明治期以来、仏教関係者による児童保護事業は、社会事業の中でも特に活発な活動であった。その範囲は広く、社会問題への対応策として、仏教者が社会からの要請を受けそれに応えてきたものと評価できるであろう。

第七項　世の底辺の生存者の救済道

階級社会で最も低い身分の者として卑しめられ、虐げられた人々は「賤民《せんみん》」として地位や身分の低い最下層に置かれ、国家社会のピラミッド型機構の最底辺の生存者として歴史に登場する。

釈尊は、人間は生まれによって差別を受けることを不条理とし、人は、行いによって評価されるべきであるとカースト制度を否定し、紀元前であったが、人間の無差別平等を説いた。

四階級のカースト制度にも入らぬ、アウトカースト不可触民《ふかしょくみん》をインド社会は編み出した。

四姓平等を説いたブッダの教え、仏教は十三世紀にインドでは滅びてしまい、東漸《とうぜん》の仏教としてアジア諸国に伝播した。

阿弥陀仏の前では老若男女、人はすべて平等であると説いたのは、室町時代の蓮如であったが、平等のはずの人間が封建的差別社会における階級的差別によって身分的差別を受けた賤民の歴史は、自由の全くない身分的差別を受け、主人の私有物として牛や馬のように働かされた。奴隷としての扱い、非人間扱いされた者として、歴史上その存在が知られるのである。

階級社会の成立によって奴隷は、公民＝良民に対して賤民と規定されることになり、古代、中世では上層支配階級によって所有され、部民は奴隷的隷属関係に置かれた。

身分差別である。

家人《けにん》、私奴婢《しぬひ》は、贈与、売買に供せられ、畜産、財物と同一視された。

技術的労働者、雑役労働者として良民の戸に附籍され、価格を論じられた。

奴隷の労働実態はどうであったのか。

天平の頃の寺奴婢《じぬひ》の現状は、四天王寺、法隆寺、元興寺《がんごうじ》、東大寺等に属し、賤院という家屋に共同生活を営み、荘園経営の労働力として奴婢を利用することが行われた。

乞食者、没落した人々は、どこにその行方を求めたかと言えば、貴族、社寺の荘園社会の中に流入するほかはなく、社寺、権門の雑役をつとめることによって生活の安定を得る状態であった。

三つの類型に分かれる。

一　荘園領主の直下に位置し清種の雑役をつとめる者

二　水陸交通による年貢輸送を目的とし、その他、物資の運搬、管理などの雑役につとめる者。

貨物の運搬から、渡船の世話もつとめた。車借《しゃしゃく》、馬借《ばしゃく》と呼ばれる陸上運輸に大きな機能を果たした。

三　荘園内にあって狩猟、漁猟にたずさわり、供御《くご》等の所役《しょやく》に従う者であった。

殺生禁断の世であり、直接殺生に携さわる狩猟者、漁師は身分も高くはなかったが、領主直属の労働力であり、経済力を伴った。

河原者

河原人といわれる者が、死牛の処分に関係していた。

屠殺《とさつ》を業とする者、非人等も含んでいたが、牛馬を屠殺するということは、古代にあっては祭儀に属していて、農耕生活の雨乞いは、牛馬を殺して諸社の神を祭ったり、農耕儀礼の一つとして行われた。

河原は、ひろく没落農民の居住地であった。

キヨメという清掃は死体の処分まで及んだ。

河原者の中には、屠殺を行う餌取《えとり》系と社会的没落者、非人系も含み、一切の人々の所住地でもあった。

河原は、いっそう下層の民衆を吸収していた。職業の性質上、集団的に居住する必要があり、その為、河原にも賎民が集まったのである。

仏教による禁忌《きんき》と救済

肉食は、不殺生戒《ふせっしょうかい》により禁止。放生《ほうじょう》思想の流布と共に差別されるに至った。

仏教はこれらの人々を救済せざるを得ぬ立場に置かれた。

鎌倉新仏教の親鸞《しんらん》（一一七三年〜一二六三年）は、「愚禿《ぐとく》」と称し、下層民衆の救い、救済道を示した。

聖覚《せいかく》の著した『唯信鈔《ゆいしんしょう》』の注釈書である親鸞の『唯信鈔文意《ゆいしんしょうもんい》』には、「屠活《とこ》の下類の往生」について、次のように語られている。

「屠《と》はよろづのいきたるものをころしほふるもの、これは猟師といふものなり。沽《こ》はよろづのものをうりかふものなり、これはあき人なり。これらを下類といふなり。かやうのあきびと、猟師、さまざまのものはみな、いし、かはら、つぶてのごとくなるわれらなり」

屠はよろずの生き物を殺すことに直接手をかける者、屠殺等も含まれるが、ここでは猟師を語る。

沽は、当時の商人「あきない人」である。

賎民等が運送等の雑役を行い成長した者も含む。

これらの人々は、賎民的出身者であり「いし、かはら、つぶてのごとくなるわれら」であった。

仏教の国教化に伴い、不殺生戒が価値観として重要視されてくる。殺生禁断は、畜獣を屠殺する殺生者、その職業的差別、身分的差別を具体化する。

親鸞は、大切な仕事をする世の低下層の人々に救いの手をさしのべた。織豊時代《しょくほうじだい》、近世の賤民の中核となった職業は、死したる獣類の皮を剝《は》ぎ、首を切る、死因殺生を恥とする者であった。

穢多《えた》、非人《ひにん》という近世的差別賤民制を確立した。とは言え、中世以来受け継いでいる者が多く、屠殺に関連し皮革《ひかく》製造者、その皮革製造の村もあらわれた。

中世の賤民的系譜をひき皮革製造、竹皮笠《たけのかわかさ》、草履《ぞうり》、その裏付、燈心《とうしん》、破魔弓《はまゆみ》の製作、専売を許された。

非人は、一切の商行為を禁じられ、唯乞食《こつじき》を業とし、物もらい渡世の生活であった。

神社仏閣の境内において大衆の前で演芸を演じ、町村で勧進を行ったりした。

支配下の差別された猿回《さるまわ》し、田楽猿楽《でんがくさるがく》、舞々《まいまい》、幸若《こうわか》の遊芸人、遊女屋、湯屋、陰陽師《おんみょうじ》、御子、筆結《ふでゆい》、弓矢師《ゆみやし》、絃師《つるし》、襖師《ふすまし》、表具師《ひょうぐし》、土器師《かわらけし》、焼物師《やきものし》、笠縫《かさぬい》、簑作《みのつくり》、石切屋《いしきりや》、左官《さかん》、櫛挽《くしひき》、蝋燭屋《ろうそくや》等があった。

幕府は、身分上の差別を設けて一区域をつくり、住居の制限をもうけた。穢多頭《えたかしら》の統一的支配のもとにあった。

差別は江戸時代にも存在した。

アメリカでは、今日も人種差別が問題となり、社会問題化している。根深い問題である。

第八項　富士川游の信仰と民衆救済研究

富士川游《ふじかわゆう》は、慶應元（一八六五）年五月十一日、広島県に生まれた。

明治二十（一八八七）年、広島県広島医学校を卒業し、二十四歳、医師免許下付を受けた。

医師であり、四十七歳の著『日本医学史』は、帝国学士院から恩賜賞を受与され、名著『日本疾病史』『日本小児科史』『日本小児科史』『内科史』は、医師の業績として人々によく知られるところであろう。

古本屋にて手にした伝記書『富士川游先生』（富士川先生刊行会刊）の一頁に、偶然平成四年八月五日日医ニュース、医学風土記（461）広島県に「医の先哲　富士川游」の切り抜きが差し込まれているのを見つけ、それにて、人物を理解することができる。

日医ニュース　平成4年8月5日

医界風土記（461）広島県

医の先哲　富士川游

富士川游は、昭和十五（一九四〇）年に鎌倉の自宅で、子供達の家族と多くの弟子に囲まれて七十五歳で永眠した。それから五十年の後、平成二年十月七日の秋日和、日本医史学会の主催で、順天堂大学において「富士川游先生没後五十年記念会」が盛大に開催された。

更に命日の十一月六日には、生誕地の広島県安佐南区長楽寺（当時は沼田郡安村大字長楽寺）を中心として地元安佐医師会の主催により、医師会員及び医史学会関係者、親戚の方など多数が参集して記念行事が行われた。

富士川游は、慶応元（一八六五）年に医師雪《すすぐ》と妻タネの長男として出生、広島県広島医学校を明治二十（一八八七）年に二十二歳で卒業、その年直ちに上京して明治生命保険会社の社員を経て、中外医事新報社に入社、現今の所謂医学ジャーナリストとしての修練を積んだ。

明治三十一（一八九八）年にはドイツのイェーナ大学医学部に留学し、内科学、理学療法学、ドイツ医学史等を研鑽したが、留学中に呉秀三、藤浪鑑らとも交流を持ち、二年間で帰朝した後日本橋中洲養生院内科医長に就任し、イェーナ大学よりはドクトル・メディチーネの学位が贈られた。

富士川游の最大の業績は、前人未踏の「日本医学史（約千頁に及ぶ）」の大著である。総数二万余巻と言われる古書等の文献資料により、明治三十七年に完成したが、正に三十九歳の若さであった。

この仕事により、明治四十五（一九一二）年に帝国学士院より、第二回学士院恩賜賞を授与された。更に同年に第二の巨弾とも言われる「日本疾病史」を刊行し、これにより大正四（一九一五）年に、医学博士の称号を受けた（京都大学）。こうして生涯において残された著書や論文等の数は、千数百件にのぼると言われている。

また富士川游は多くの団体や学会の育成に努力し、関係した諸会の概略を列挙すれば次の如くになる。私立奨進医会、芸備医学会、日本児童学会、日本内科学会、日本神経学会、国家医学会、医科機械研究会、癌研究会、日本看護学会、日本民俗学会、統計学会等々多岐にわたっている。

なお日本医史学会については、昭和二（一九二七）年に入沢達古、土肥慶蔵、呉秀三らと共に創立に力を盡し、同学会は今日の様に発展した。

一方富士川は、夙に医師としての職責倫理に厳しい考えを持っていたが、加えて医療の実践と宗教の心の関連を重く視た結果、親鸞聖人を研究し、更に医学や科学と宗教の問題について深く追求の上多くの論文を世に出した。すなわち医人というものは、立派な人間形成があってこその医学であり医術であることを終始論及したのである。

なお稀な蔵書家としても知られ、京都大学附属図書館、北里記念図書館、日本大学医学部等の富士川文庫が有名であるが、郷土広島の浅野図書館建設にも大きな功績が残された。

以上「あらまし」を要約したが、こうした歴史的事実を踏まえて、広島県の生んだ偉大な医の先哲を記念するために、生家の近傍（長楽寺観音堂入口）と広島大学医学部構内に、それぞれ「顕彰碑（昭和五十年完成）が建立され、爾来、市民や医学生の心の糧ともなっている。

（広島・安佐医師会理事　堀川真澄）

筆者が注目するのは『日本医学史』明治三十七（一九〇四）年の大著であるばかりでなく『医術と宗教』など生涯の後半を色どる信仰そのもの富士川游師の見方である。

大正年代の前半は、世界観、人生観、宗教的信仰への要求が代表的作品となって世にあらわれた一時期であるが『親鸞聖人』発表の翌年、一九一六年九月、『金剛心』と題する宗教的著書一書を公刊した。

「私ハモトヨリ真宗ノ僧侶デハアリマセヌ。シカルニ、臆面モナク、コノ小篇ヲ世ニ公ニスルニ至リマシタノハ、今ノ世ノ所謂《いわゆる》知識階級ニムカイテ、親鸞聖人ノ宗教ヲススメタイトイフ、私ノ熱心ナル希望ニ本《もと》ヅクタメデアリマス」

宗乗《しゅうじょう》ナド八釜敷《やかましき》学問ヲシタモノデハア

文体が明治調から現代の文章になっていて「親鸞聖人の宗教をすすめたい」という仏教宣布の姿勢を見せている。

郷里、広島は、昔から浄土真宗の盛んな土地で御法義の厚い地である。幼い時から親鸞聖人讃仰の環境、雰囲気の中で育ち、大正五年、五十一歳の時、郷里長楽寺村（現広島市安佐南区）で行われた宗教講話の中で「親鸞聖人の教えに思いをよせてから既に三十年になる」と述懐しているところを見ると、余程早く青年時代から宗教心に目覚め、医師の精神の奥には宗教的な気持ちが潜んでいたと思われる。

大正元（明治四十五）年、鎌倉正信会をつくり、少人数の近い人の集まりで宗教講話を行なっていたというが、大正四、五年の頃から活発な宗教活動に入った。

大正時代は仏教、真宗に若い人が関心をもった時代であった。近角常観《ちかずみじょうかん》の私塾、倉田《くらた》百三《ひゃくぞう》の『出家とその弟子』（大正五年）、『親鸞聖人』（中央公論）は若い人が、仏教に関心を示した時代社会であった。

師の宗教的著書の発表状況を年譜から見ると、

大正二（一九一三）年　四十八歳

六月　『禅宗』に『医史上の栄西禅師』を載せ

大正四（一九一五）年　五十歳

九月　中央公論に『親鸞聖人』を載せる

十一月　『親鸞聖人談』を中央公論に載せる
大正五（一九一六）年　五十一歳
一月　親鸞聖人讃仰会《さんごう》を創立　『親鸞聖人』第一輯を著し
九月　『金剛心』を著した
大正七（一九一八）年　五十三歳
二月　『法爾《ほうに》』を創刊する
大正八（一九一九）年　五十四歳
六月　『真宗』を著す
七月　『親鸞聖人讃仰会』を『正信協会』と改称し、高楠順次郎《たかくすじゅんじろう》、藤岡勝二《ふじおかかつじ》と共に幹事
　となる
大正十（一九二一）年　五十六歳
四月　『鎌倉正信会』を正信協会鎌倉支部とする
　『真宗の宗教』を著す
大正十三（一九二三）年　五十八歳

七月　『仏教の真髄』を著す
大正十五（一九二六）年
九月　中山文化研究所に『科学と宗教』講座を開設
昭和四（一九二九）年　六十四歳
八月　『安心法語』を著す
昭和六（一九三一）年　六十六歳
三月　『科学と宗教』を著す
昭和七（一九三二）年　六十七歳
二月　『弥陀教』
三月　『迷信の研究』
十月　『内観の法』を著す
昭和八（一九三三）年　六十八歳
五月　『友引の迷信』を著す
九月　『親鸞聖人の宗教』を著す

昭和九（一九三四）年　六十九歳
　八月『倫理と宗教』を著す
昭和十一（一九三六）年　七十一歳
　四月『宗教生活』を著す
　十二月『明恵上人』を著す
昭和十二（一九三七）年　七十二歳
　四月『大和清九郎』（新撰妙好人伝第五編）及び『業の問題』
　六月『蓮如上人』（新撰妙好人伝第六編）
　十月『香樹院徳龍師』（新撰妙好人伝第八編）
　十二月『阿佛尼』（新撰妙好人伝第九編）
昭和十三（一九三八）年　七十三歳
　六月『宗教の教養』を著す
昭和十五（一九四〇）年　七十五歳
　三月『聞法生活』を著す

十一月　逝去

昭和十六（一九四一）年

一月　『日原のお国』（新撰妙好人伝第十四編）刊行

二月　『宗教の心理』（遺稿）刊行

社会事業教育者としての以上の業績、年譜である。

富士川游師に視点をあててみよう。

わが国における社会事業教育の本格的な展開は、大正期に入ってからであり、東洋大学はその大正期に、日本で最初に社会事業科を設け、社会事業の実践家を大学教育によって養成しようと試みた、数少ない大学の一つであった。

富士川游師は、一九二一（大正十）年、東洋大学の社会事業科の創設に伴い、その初代科長に就任している。以降、一九二九（昭和四）年頃までこの任にあり、井上円了を学祖とする東洋大学社会事業教育の内容、方向を形成する上で中心的な役割を果たした。

師は、東洋大学における社会事業教育の萌芽がみられる一九一二（明治四十五）年、専門部第一科の時期から社会事業関係の科目を担当、一九一九（大正八）年には大学の経営に協議員、相談役としても関わっている。

これらのことから、師は東洋大学の社会事業教育の成立、展開の中心に位置した人物であり、教育方針、カリキュラムの設定にかなり影響を与えたと推測される。

東洋大学は、一九二一（大正十）年二月、『文化学科』とともに、目的を「今や益益紛糾錯綜せむとする凡百の社会事業にたずさわり優良なる指導者たるをえる社会技師を養成せむとするに在り」とする『社会事業科』設置を発表した。そして、同年4月学科改正があり、『社会事業科』はスタートした。

同年六月八日に帝国ホテルで開かれた『新設学科披露会』での来会者の『演説』から拾うと、来会者の中には、東洋大学関係者以外に、内務大臣床次竹二郎、文部大臣中橋徳五郎、東京市長後藤新平、小沢一、呉秀三、渋沢栄一、田子一民、生江孝之、窪田静太郎、岡弘毅、矢吹慶輝、渡辺海旭等の名前がみえ、当時の政策担当者、社業事業諸分野の代表があつまり、期待と注目を浴びていたことがわかる。

実際に実践を行う社会事業家については次のように資格を要請している。
（一）「社会事業としては、此の如き病的現象の予防と治療を徹底的にすることを期せねばなりませぬ。それ故に是非とも科学的攻究を主として、その発生の因由を尋ね、これによりて相当の処置を施して以て社会事業の真髄を発揮せねばなりませぬ。」

(二)「私は、社会事業家たるものも常に哲学的の思想上に立ちて、その事業に従うことが必要であると考えるのであります。又、社会事業の実際に方りて必要を認むるものは精神的欠乏を補はねばならぬことでありますが、この場合には宗教の情操を以てするより外は無いのであります。」

(三)「社会事業としての救済は、言ふまでもなく救済其物が目的であって、他の目的を達するための手段ではありませぬから、物質的にも精神的にも、これを救済することをつとめねばなりませぬ。それ故に、社会事業家たるものは、自ら宗教的自覚の下に立ちてその事業に従ひ、それによりて他をも宗教的自覚の下にたたしめるまでにならねばなりませぬ。私は、これをも社会事業家に必要なる資格の一であると考えるのでありますます。それ故に、哲学、倫理学及び宗教も社会事業科の主要なる科目と致したいのであります。」

社会事業は、あくまでも、科学的に究明されねばならないとしながら、社会事業家の実践については、科学に通ずるのみならず、宗教哲学、倫理学等にも通じ、幅広い人格であること、学問と宗教、科学と宗教、哲学と科学等のくみ合わせは、みごとに統合、純粋な学問や科学が、人間を介することによって、宗教と何の違和感もなく結合するとする。

富士川の教え子が以後、我が国の社会事業の一端を担っていったということから富士川が日本社会事業史の中で果した役割は高く評価されるべきと言う。

『東洋大学児童相談研究』第六号、（一九八七年三月発行）『史料探訪、富士川游研究』（四）に「今回は富士川の教え子である宇野辰雄（東洋大学社会業科昭和二年卒）の聞きとり調査をまとめたものと、宇野の関わった猿江善隣館の史料の一部を掲載する。社会事業科で富士川の教えを直接受けた卒業生の中、存命中で聞き取り調査ができたのは宇野だけであり、この記録は貴重なものである。彼は社会事業科卒業後、富士川の思想をうけつぎ長く社会事業実践活動に携わってた人物である。

また、宇野の関わった社会事業、猿江善隣館のセツルメント活動の記録、資料は、我国社会事業史上、貴重な資料であることも付記しておくと、筆者の父親が登場する。

明治三十七年生まれの父は、平成元年二月十日、八十五歳にて往生の素懐を遂げたが、この猿江善隣館の史料は社会事業実践の貴重な記録であると言う。富士川游先生のお話は、学生時代、よく父より聴かされ、富士川先生の宗教的著作を小生が集め私の本棚に残されている。

宇野辰雄に聞く、

東洋大学に社会事業科ができたのは、大正十年のことであるが、科として存在したのは、七年間、そして、昭和三年に科名変更がおこなわれ、社会教育社会事業家となってからの七年間の計十四年間に延一九〇名の卒業生を送り出している。

その中の卒業生、専門部時代の林蘇東（浅草寺カルテ学園、施無畏学園主事）、朝原梅一（東京府社会事業主事）、社会事業科時代の畑野慶治（王子青年学校長、保護司）、塚本哲（東洋大学教授）、高橋梵仙（大東文化大学教授）五島宗夫（浄行寺開基住職）等がいる。

今年度聞き取り調査を行った宇野辰雄は、社会事業科の科目変更前、最後の卒業生にあたる。直接、富士川の教えを受け、卒業後も社会事業の分野で。まさに「東洋大学的」活動を続けてきた人物である。

　というのも、東洋大学学祖、井上円了の思想に「無位無冠」（官僚でなく在野で活動する）という言葉がある。これは富士川の「名もなく実践していく」ということにひきつがれている。そして、宇野は口ぐせのように「私は普通のただの社会事業家として実践した」といわれる。この三者の思想には強いつながりが見られるのである。

　猿江善隣館活動と富士川游師のところでは、

宇野　そう。その頃、富士川先生と手紙をやりとりしてね。

森田　こちらの方のセツルは、始められた時も、善隣館の時もそうですか。

宇野　その時も先生にご報告し、それからわしがいよいよ教誨師を辞めて、深川にのりこみますと、先生にご報告してさ。そして、先生から「それはいいことだから、相談にのってやるよ」と言って頂いたんだな。

天野　具体的には、何か富士川先生にしてもらったということはありましたか。

宇野　いやいや、先生は理論の方だけど、わしの方は実践の方だから。

と社会事業実践者として若き日の情熱と実践者の自信をのぞかせ回顧しつつ、インタビューに答えている。

訪問日時…昭和六十一年七月四日・十月三日

場所…船橋・宇野氏宅

聞き手…天野マキ・森田明美

同席…旭洋一郎

とあり、富士川游師の思想的感化、を知る上にも貴重な資料である。

〈付記〉として

「宇野辰雄氏には、貴重なお話を伺うと共に、多くの資料を提供していただきました。ここに記して厚くお礼を申しあげる次第です。」と次の資料が掲載されている。

大正九年得度。大正十四年、社会事業の勉強をするために、周囲の反対を押して上京し、東洋大学社会事業科に入学する。在学中は富士川游、小沢一等の教えを受ける。学外では入谷鬼子母神子ども会で二年半、活動したという。

昭和二年卒業後、「君の郷里の愛知県で社会事業のできる人を欲しがっているから」と小沢一に推挙され、愛知県社会事業協会主事となる。そこでの仕事は部落に住み込んでの融和事業であった。この活動は先駆的なものであった。全身全霊を注ぎ込んでこの事業に従事した結果、体調をこわし、二年余で辞すことになる。昭和四年に請われて小田原少年刑務所の教誨師を勤める。そして昭和五年で猿江善隣館館長、三上孝基から招かれ、猿江善隣館の活動に携わることになる。

宇野は、このように東洋大学卒業後、求められるままに、先駆的な幾多の社会事業実践活動に従事してきた。その活動は、常に彼の人となりをあらわすごとく情熱的なものであった。

社会事業史としては、彼の活動の全てにわたり興味のあるところであるが、今回は、中心的な活動となった猿江善隣館に焦点をあてて紹介することにする。

1　猿江善隣館沿革
2　猿江善隣館概要
3　猿江善隣館館則
4　猿江善隣館構造並設備
5　猿江善隣館役員並職員

6−①昭和六年猿江善隣館事業要目
②昭和八年猿江善隣館事業要目
③昭和十年猿江善隣館事業要目
④昭和十二年猿江善隣館事業要目
7　猿江善隣館事業概況、昭和六年
8　猿江裏町不良住宅地区改良前写真
9　猿江善隣館の写真
10　猿江善隣館の配置図
11　猿江善隣館設計図
12　ケースカード
13　貯金会概況
14　授産事業概況
15　藤影女学校概況
16　丘猿江善隣館の子どもたちの写真

17　昭和八年猿江善隣館事業概要児童部概況

東洋大学社会科卒業生名簿（出典東洋大学校友会名簿、昭和四十二年版）を見ると、大正十四年三月卒業、第二回生、第三十五期、一九二五年、専門部第四科に内山憲尚（二三夫）東京都・駒沢大学・鶴見女子大教授、日本童話協会長）おり、筆者は自宅聖美幼稚園及び鶴見女子大にて東洋大学在学時代、父とよくお目にかかった。著述も多く、確か百冊以上存在していると言っておられた。

大正十五年三月卒業、第三回生、第三十六期、一九二六年社会事業科、五島宗夫（宗宣、東京都・浄行寺住職）は、筆者が十八歳で上京、姉が田園調布、浄行寺銀の鈴幼稚園教諭をしていて東洋大学在学中、住職道の初発心の手ほどきを受け、昭和四十五年、船橋に一宇建立、首都圏開教以来、生涯の恩師として「住職道」を御指導頂いた、いわば、人生の師、恩師である。

大勢の人にお世話になったが、筆者が住職として今日があるのは、願生浄土、発願廻向の大切さをよく教えられ、御指導頂いた五島宗宣師の仏智のお蔭である。（詳細は筆者『住職道』国書刊行会刊参照）

塚本哲、東京都・東洋大学教授は、昭和三十八年社会学部応用社会学科、社会福祉専攻に在籍時、父に紹介された。一九六三年五月二十一日、塚本研究室にて『社会福祉入門』(学陽書房)、昭和三十七年刊を十七%割引で購入、初めて購入した社会福祉関係書籍は想い出深い。

塚本哲先生、卒業年度は、五島宗宜師同様、大正十五年三月卒業である。昭和二年三月卒業、第四回生、第三十七期、一九二七年社会事業科に宇野辰雄(愛知県出身、私の父)の名がある。十八歳の筆者に上京を励め、東洋大学社会福祉学科に入学を進めたのは私の父であった。

翌年二年生次、主体的契機、なぜ社会福祉なのか、主体的動機論がわからず、筆者は仏教学科(印度哲学科)に転科、仏教の求道的研究に、九年間博士課程まで思索、探求を進めることになる。思春期の人生航路思索の期間であった。

社会事業概説についてその翌年三年生の時、昭和三年三月卒業、第五回生、第三十八期、一九二八年社会事業学科卒業の高橋梵仙(大東文化大学経済学部教授、東洋大講師)の授業を受けた。先生の埼玉の寺、自坊にはよく伺ったことがあるが、常に自室にて勉強をされていた。いやな顔一つせず笑顔で迎え、御指導を頂いた若き日の思い出がある。大著『かくし念仏考』（巌南堂、昭和三十八年刊）、『日本の慈善救済史の研究』第一分冊（昭和十四．三）、第二分冊（昭和十四．十二）、第三分冊（昭和十五．七）、『飢饉考（上）（下）』、『近世社会経済史料集成、第二巻』（大東文化大学東洋研究所）等の著述など今も手にとることができる。

真如観の系譜、富士川游先生の思想の教えを頂いた父、そして、父のお陰で寺院建立や社会福祉に御縁を頂き大勢の人にめぐりあったが、その系譜上ありのままに生きる思想に自らの存在も位置づけられることが、富士川游研究を通して知らされるのである。

第九項　大乗仏教の民衆救済活動を尋ねて

本稿のテーマは、大乗仏教の利他精神を強張して「大乗仏教民衆救済研究」である。広大な仏教史にあって、日本仏教に範疇を限定すれば、学術テーマは『日本仏教民衆救済史』、題名通りが相応しいのかなと思量している。

民衆救済学の視座についていては、序章で述べた通りであるが、民衆救済の研究展開その具体的な論点は次のようになるのではないか。

学解の仏教にあらず、人文科学の視座による信仰と民衆救済活動その事例の研究となろう。

一　古代奈良朝の民衆救済研究
二　平安朝の大乗仏教民衆救済活動研究
三　中世・鎌倉期の大乗仏教民衆救済活動研究
四　近世・足利室町期の大乗仏教民衆救済活動研究
五　近代・明治期の大乗仏教民衆救済活動研究
六　大正期の大乗仏教民衆救済活動研究
七　昭和期・戦後の大乗仏教民衆救済活動研究

古代、中世、近世、近代、現代の救済思想及び実践活動、先人の叡智、信仰と主体的救済実践活動を尋ね、テーマである民衆救済学を通して大乗仏教の社会貢献、民衆救済の道を明らかにすることが求められるであろう。

研究課題テーマ　研究ノート

その1

白隠慧鶴《はくいんえかく》（一六八六年〜一七六九年）の仰臥禅《ぎょうがぜん》。

白隠禅師は、江戸時代中期の臨済宗の僧侶である。

正受老人《しょうじゅろうじん》の法を嗣ぎ、京都妙心寺第一座となったが、名利を離れて諸国を遍歴し教化、臨済宗中興の祖と称され、庶民に慕われた。

気魄《きはく》ある禅画を書いた。

禅修行を初め禅病にかかり、頭はのぼせ上がり両腕両脚が氷雪のように冷えて、心は疲れ切って、夜も眠ることができず、幻覚を生ずるようになる。

名僧、名匠を訪ね、治療を受けたが効果が見られず、ある人に勧められて、京都の山城に近い山中に棲む白幽《はくゆう》仙人を訪ね、養生と病気の予防についての秘法を教えられた。

その体験を七十三歳の時に執筆したのが『夜船閑話《やせんかんわ》』である。

足利時代末期から徳川時代初期に衰えていた禅を復興、多くの後継者を育成し「臨済宗中興の禅師」として仰がれるようになった。

禅師の内観法《ないかんほう》、輭酥《なんそ》の法、頭寒足熱による養生の健康法、病気の予防、三つの療養法、現代医学の欠陥を補う健康法、治療法を諭した。

その2

源信和尚

源信《げんしん》（九四二年〜一〇一七年）天台宗の僧侶。『往生要集《おうじょうようしゅう》』の著者。大和国北葛城郡当麻、卜部正親の子として、天慶五年に生まれる。

母が高尾寺の観音に祈願して生まれたという。

七歳の時、父に死別し、良源《りょうげん》座主のもとに入り、十三歳の時、受戒して源信と名を改めた。

天暦十年、十五歳の時、村上天皇の勅により、師となる。

誇るところがあったのを母は喜ばず、名利を離れることこそ、僧のあるべき姿と、諭され、感ずるところがあって、横川の首楞厳院《しゅりょうごんいん》で一時も休まず研鑽に励み、大蔵経を五回にわたって読み、天台、因明《いんみょう》、倶舎《くしゃ》などを学んだ。空也《くうや》に極楽往生の道を問い、四十二歳の時、母の死に際して、三百回念仏を唱えて往生させた。

永観二年十一月、『往生要集』を書いて、翌年四月に書き終え、念仏を唱えること二十倶胝《くてい》遍に及び、千体仏をつくって三十八カ所に安置した。

『往生要集』の他に『弥陀経略記』『一乗要決』『対倶舎抄』『要法門』『因明相違釈』など七十部百五十巻の著作を残している。

僧都の自画自賛といわれる讃に、

「三悪道をはなれて人間に生るること、おほきなるよろこびなり。身はいやしくとも畜生におとらんや。家はまづしくとも餓鬼にまさるべし。心におもふことかなはずとも地獄の苦にくらぶべからず。世の住み憂きはいとふたよりなり。このゆゑに人間に生れたることをよろこぶべし。信心あさけれども本願ふかきゆゑに、たのめばかならず往生す。念仏ものうけれども、となふればさだめて来迎にあづかる。功徳莫大なるゆゑに、本願にあふことをよろこぶべし。またいはく、妄念はもとより凡夫の地体なり。妄念のほかに別に心はなきなり。臨終の時までは一向妄念の凡夫にてあるべきぞとこころえて念仏すれば、来迎にあづかりて蓮台に乗ずるときこそ、妄念をひるがへしてさとりの心とはなれ。妄念のうちより申しいだしたる念仏は、濁りに染まぬ蓮のごとくにて、決定往生疑あるべからず」(『日本仏教人名辞典』新人物往来社参照)とある。

寛仁元年、病に臥して、人々の疑問に各々弁釈して、六月十日、七十六歳で入寂している。

その3

良忠《りょうちゅう》(一一九八年〜一二八七年)。鎌倉時代。浄土宗。

『看病用心鈔《かんびょうようじんしょう》』。

どのようなターミナルケアを行えば患者は最も安心して生命を終えることができるか、安心して死ぬにはどうしたらよいか、僧侶にその解決法を迫り、それに応えた書。生き方を大いに示唆してくれる民衆医学書といえよう。

良忠は、正治元年七月二十日、石見国三隅の庄、京極師実六世の子孫藤原円尊の子として生まれた。

十一歳の時、三智について往生要集を聞き、十三歳で信暹について学んだ。十六歳で剃髪、受戒。十八歳の時に、法照を師として浄土門に入り、一万遍の念仏を日課とした。密蔵、朝源から真言、栄朝と道元から禅、俊芿《しゅんじょう》から律を学ぶ。

三十四歳の時、故郷に帰り、多陀寺に籠《こ》もって念仏を専修した。集まる者が多かった。浄土の教義をたださんと筑後に至り、天福寺で聖光に会う。その時、三十八歳であった。とどまること一年、ことごく付法を受けて石州に帰る。

その翌年、聖光は入滅。宝治二年であった。

京都に入り、後嵯峨上皇に一乗円頓戒《いちじょうえんどんかい》を授け、香衣と上人の号を受けた。さらに、信濃、常陸、上野、下野、上総、下総と歩いた。

建長三年、執権北条時頼《ほうじょうときより》の請によって鎌倉の蓮華寺の開祖となり、悟真寺と改称した。のち、光明寺と改めた。

上洛して後深草上皇に浄土の要義を説き、一乗円戒を授け、紫衣を受けた。開創した寺は光明寺のほか、武蔵の浄国寺、野州の善導寺、一条の法照寺、三条の十念寺、木幡の尊勝院などがある。

著作には『論註記』五巻、『安楽集記』二巻、『観経疏伝通記』十五巻、『行儀分起』八巻、『往生要集記』八巻、『選択決疑鈔』五巻、『授手印領解鈔』一巻、『授手印決答鈔』二巻、『三心私記』がある。

念仏六万遍を日課とし、阿弥陀経六部を修し、六時に往生礼讃を怠ることがなかった。弘安九年、付法の状を良暁《りょうぎょう》に付し、弘安十年七月六日に西に向かって座り、念仏すること三百遍にして入寂した。年八十九歳であった。

弟子六人、良暁が光明寺二代となり、その門流を白旗流、性心の門流を藤田流、尊観が名越流、慈心が小幡流、了慧が三条流、礼阿が一条流のそれぞれの門流を興した。

あとがき

如何に幾多の知識を得て博学であっても、心の糧、金剛の信仰を持たぬ人は、人々の深い信頼や尊敬を得られないのではないかと近頃私は、考えている。

なぜであろうか。

人の目をごまかせばよいという信仰姿勢ではなく、「仏さまは見ています」この信仰心、心のよりどころは、何よりも大切な心の糧で加護力《かごりき》、加被力《かびりき》も影と形のように妙好人には働いていると思われるからで、信仰心について言えば、人間の生命の中心に意気がある。

自ら進んで何かしようという気持ちである。

主体性とも言うが、燃えあがるような激しい、秘めた感情、情熱がある。

優柔不断な酔生夢死の人生ではなく、日常生活を意義あらしむる人としての生き方がある。

その活動、activityの源泉はどこにあるのか。

今日は、長寿社会となったが、人生五十年、人がこの世で生きられる時間には、一人称の死という寿命、人としての生命の限界がある。人間存在の意義と価値を常に問う先人の姿が思い浮かぶ。釈尊は八十歳。親鸞聖人は九十歳の生涯であったが、「人生七十古來稀（人生七十　古来稀なり）」という時代社会であった。

死は現実の生を支配し、生死の本体という大問題は、人を信仰の域まで引きあげねば止まらぬ現実としてわれらに迫って来る。死は、生の拠り所を与える。

人々がこの人生を哲学し、宗教へと飛躍し無限なる不可思議な光に恵りあい、力を得て、信仰が力となり、報恩の認識が生まれる。

私たちは、百年の行体をいかに保つべきか。限りある人生行路であるがこそ、生命の尊さ、畏敬に思いを寄せることであろう。この身体、活動しつつあるわが心身がいかに尊きものであるか、人生の尊さ、「生命尊重論」がクローズアップもされる。

私たちの人生がいかに尊き、畏敬すべき冒涜できない生存であるか。

存在と無という人生行路ではあるが、その行為が積極的に生きる実践力となって、私共の存在の心の糧となって、白色は白く、青色は青く、利他愛となって光り輝く。

人は若き日、一生をどう生きたら良いか生き方に悩み、モラトリアムの期間、考えるその猶予期間を経てアイデンティティの形成、本当の自分の行いたいこと、進むべき道を見つける。

人生に道標、目標が与えられた時、その道をわが道、われらの行く道として一意専心する道が発見できる。

仏教語、発願《ほつがん》廻向《えこう》は、希望に生きる初発心《しょほっしん》の大切さ、念願成就の人生、夢叶う人生の出帆、旅立ちの航路、行方を示すが、大切な発心を示す言葉であろう。先人たちは仏道を究め、利他愛、大乗仏教の心に生涯を捧げ、民衆救済という行いにより、時空を超えた歴史的評価を得ている。私たちに大切な初志貫徹の智慧、不退転位の生き方、一向専修《いっこうせんじゅ》の道を今日も諭している。

そう考えると、先人の存在も私たちに身近な存在にもなり、崇敬し、頷ける先達になるに違いない。

美的実存、倫理的実存、宗教的実存と哲学者キルケゴールは、人生の究極、宗教的実存を説き、親鸞は三願転入《さんがんてんにゅう》、第十九願、第二十願、第十八願、念仏往生の願、人生の諸段階の深まり、大乗至極《だいじょうしごく》の道、信仰心を明示したが、信仰に伴う実践道、仏教者の実践論こそが大乗仏教の大切な課題であるように思われる。

弥陀の大悲に目覚めた宗教的覚醒、信仰心をもつ人が、弥陀大悲の一つの種を領納《りょうのう》することによって、浄土へ往生することを得ると確信した時、永久の生命、無量寿《むりょうじゅ》に目覚めるであろう。

この大悲、大悲の種を受け、領納した心地の領解《りょうげ》、廻向を信心と言い、この信心の歓びが湧き上がって「南無阿弥陀仏」の声になるであろう。

弥陀の大悲を信受して利益衆生《りやくしゅじょう》、つまり世の人々を救うこと、世の人々の為になることを志として、四恩を報じ六道を行ずる。

阿弥陀仏こそ我らの救い給う御親《みおや》なり、と帰命合掌する信仰者その信仰者の信仰より来る実践として路を造り、橋を渡す。

仏教を知り、真に仏道を行う実践者は、弥陀の大悲に目覚めた信仰をもち、

悪いことはするな。

善いことをせよ。

世の為、人の為には身を惜しむな。

世の為、人の為になれかし、ということが出発点となり、実行することが主題で、信仰の帰結は「利益衆生」「度衆生心《どしゅじょうしん》」であろう。

信仰を以て三宝に帰依し、人々を導く世の社会救済事業に働く先人たちは、利他的な人格者であり、菩薩道に生き、仏《ほとけ》と崇敬された篤信者でもあった。

令和二年七月十二日　七十六歳の誕生日早朝　自坊にて筆を置く

参考文献

『一向一揆その行動と思想』笠原一男著　昭和四五年　評論社
『史料による日本の歩み近世編』昭和三〇年　吉川弘文館
『日本福祉制度史』百瀬孝著　一九九七年　ミネルヴァ書房
『密教福祉』満濃池と益田池　宮城洋一郎論文平成一三年　御法インターナショナル出版部
『日本仏教史　近代』柏原祐泉著　平成二年　吉川弘文館
『日本仏教の近世』大桑斉著　二〇〇三年　法蔵館
『仏教社会事業史』谷山恵林　仏教年鑑
『近世仏教の思想』柏原祐泉・藤井学著　日本思想大系　一九七三年　岩波書店
『日本仏教のあゆみ』宮坂宥勝著　昭和五十四年　大法輪閣
『日本仏教福祉概論』池田英俊　芹川博通　長谷川匡俊 編集　平成十一年　雄山閣
『歴史に於ける隷属民の生活』日本史講義2　林屋辰三郎著　昭和六十二年　筑摩書房

著者略歴

宇野　弘之(うの　ひろゆき)

1944 年　愛知県生まれ。宗教哲学者

1969 年　東洋大学大学院文学研究科修士課程修了

1972 年　同大学院博士課程でインド学仏教学を専攻研鑽

　　　　中央学院大学で６年間哲学を講義

千葉市中央区千葉寺町 33　浄土真宗　霊鷲山　千葉阿弥陀寺住職

【学園】阿弥陀寺教育学園・宇野学園理事長・湖海学園理事長

主な著作

『大乗仏教の教育実践　よく学びよく遊べ　おもいやり教育論　人は育て方一つで育つ』(山喜房佛書林)、『三つ子の魂百迄の教育道』『ストップ・ザ・少子化』(国書刊行会)、『大無量寿経講義』『阿弥陀経講義』『観無量寿経講義』『正信念仏偈講義』『十住毘婆沙論易行品講義』『釈尊に聞く仏教の真髄』『盂蘭盆経を読む　彼岸への道』『極楽浄土念仏往生論』『如来二種廻向文』を読む『唯信鈔』を読む『国家 Identity 人命救助論序説』『浄土文類聚鈔』を読む『日本仏教民衆救済史』『孫・子の世に贈る仏教入門』(山喜房佛書林)、『孫・子に贈る親鸞聖人の教え』(中外日報社発行、法蔵館発売)、『蓮如　北陸伝道の真実』『蓮如の福祉思想』『蓮如の生き方に学ぶ』(北國新聞社)、『「心の病」発病のメカニズムと治療法の研究』Ⅰ、Ⅱ、Ⅲ『親鸞聖人の救済道』『晩年の親鸞聖人』『無宗教亡国論』『恵信尼公の語る親鸞聖人』(国書刊行会)

日本仏教民衆救済史　第二巻

信仰と民衆救済実践の研究

中世後期・近世・近代論

2020 年 12 月 1 日　初版発行

著　者　　宇　野　弘　之

発行者　　吉　山　利　博

印刷者　　小　林　裕　生

発行所　株式会社　山 喜 房 佛 書 林

〒 113-0033　東京都文京区本郷 5-28-5

電話 03-3811-5361　FAX 03-3815-5554

ISBN978-4-7963-0520-4　C1015